# "MIS CUENTOS PARA PADRES"

*Tres (3) cuentos cortos que son hitos para los padres como prevención del abuso sexual infantil, el cual ha sido escrito con calor humano en nuestro afán de anticiparnos al delito del abusador.*

**Ingrid Moretti**
**Karel Colina**
**Maria Fernanda Villa**

**2016**

Dedicado a todos los niños y niñas
para vivir un mundo más sano

Versión en español & versión en inglés
Modalidad en papel & Modalidad en Kindle

Diseño de carátula: Daniel Méndez, vanguardista, MÉXICO
Correctora de estilo: Irene Rondón Alemany, VENEZUELA

ISBN-13: 978-1537115702
ISBN-10: 1537115707

# ÍNDICE

# Prólogo de Ismael Cala

José Martí, el gran poeta cubano, escribió: "Los niños ríen; y se abren los cielos". Sus palabras me vinieron a la mente mientras leía "Mis cuentos para padres", libro que refuerza mi convicción de que el abuso sexual infantil es una acción abominable, capaz de borrar de un zarpazo la sonrisa de un niño.

Este texto, pequeño de tamaño, pero enorme en cuanto a su mensaje, tiene la misión de educar. Brinda las herramientas necesarias para evitar acciones de esta naturaleza. Es una lectura provechosa para todos, no solo para padres y madres, porque los niños son, en definitiva, un compromiso social.

El abuso sexual es, en sí mismo, una tragedia; pero cuando se ensaña en la inocencia infantil, su crueldad adquiere dimensiones insospechadas. Deja, por lo general, eternas cicatrices en el alma.

Hoy día, el trabajo de prevención contra el abuso infantil es más complejo, porque hasta los peores instintos pueden disfrazarse de modernidad y llegar solapados, tornándose aún más peligrosos. La tecnología es el resultado de la virtud y el talento humanos, pero también es ingenua y manipulable, como la propia inocencia infantil. Debemos estar atentos, porque la perversidad también moderniza sus técnicas.

Por estas y muchas razones más, "Mis cuentos para padres", de Ingrid, Karel y María Fernanda, es una obra muy oportuna. Todos los que dedicamos nuestras vidas a trabajar por el mejoramiento humano, apreciamos su inestimable valor.

¡Aprovechemos su lectura!

**ISMAEL CALA**
Conferencista, autor inspiracional y comunicador
@CALA

# Guía de uso del libro

Sirva este previo como la guía orientadora para el mejor uso y beneficio del presente libro. También para darles una breve descripción del diseño instruccional que logramos plasmar en él para el anclaje de los objetivos de enseñanza-aprendizaje de prevención sobre el abuso sexual infantil, en la misión de alertar aún más a los padres, representantes, cuidadores y maestros, como también a que a su vez enseñen a los infantes, quienes deben instruirse para lograr protegerse por sí solos y buscar la mejor opción de ayuda en caso de abuso.

Nosotras, las autoras, nos basamos en la práctica de crear experiencias interactivas de instrucción que hacen la adquisición de conocimientos y habilidades más eficiente, eficaz y atractiva para las partes que se involucran en el proceso de enseñanza–aprendizaje en general.

En nuestro caso, el diseño instruccional se hizo mediante un análisis completo de las necesidades de prevenir a padres y niños, poniéndonos metas muy específicas y educativas para cumplir objetivos claros como prevenir y enseñar a resguardar a los niños. Posteriormente, hemos diseñado y validado el contenido del libro con un mecanismo que nos ha permitido alcanzar dichos objetivos con exactitud, como la presentación de los conceptos ante un panel de expertos, que se utilizó también en la validación de los mensajes de los dos cuentos y el relato. Así, este proceso involucró el desarrollo de investigación, análisis de estadísticas, testimonios, historias psicológicas y psiquiátricas, teorías psicológicas y consultas con especialistas a fin de poder diseñar a la justa medida los materiales didácticos que compilan el libro, se suma el diseño de las actividades instruccionales para la ratificación de los contenidos de los textos y el calibrar cada palabra de los mensajes en cada uno de los tres cuentos que se publican, para lograr la optimización del anclaje de los objetivos de aprendizajes en padres e hijos, calculados con exactitud según los tres intervalos de edades en la clasificación de los infantes.

El diseño instruccional implicó una "planificación al detalle" sobre el proceso total de prevención con el cual se deseaba trasmitir las palabras escritas, todos los requisitos de organizar data, información, testimonios y definir objetivos de aprendizaje claros y medibles fueron dados en cada paso oportunamente. Fueron cumplidas las fases de: análisis, diseño, desarrollo del libro y edición. Basta ahora hacer el seguimiento, siempre y cuando sean emitidos y enviados los comentarios de los lectores con sus testimonios vivenciados con base en la experiencia obtenida con sus hijos o hijas. En la parte final del libro se dan las direcciones para los contactos y conexiones a tales fines.

El libro **"Mis Cuentos para Padres"** es una herramienta muy poderosa que brinda a los adultos el modo de enseñar o educar a los niños y niñas la forma de prevenir y protegerse contra el abuso sexual infantil.

Seguiremos una secuencia muy simple para la optimización del uso del libro:

**Primer paso:** Lea cuidadosamente cada uno de los capítulos del libro, por favor no omita ni adelante partes de los textos. Es importante llevar la secuencia de la lectura, además de tomar en cuenta las diferentes edades de los niños y niñas que en los distintos capítulos se hace referencia.

**Segundo paso:** Seleccione luego los capítulos que son referidos específicamente a las edades de su hijo o hija y objeto de su interés. Sirva la siguiente tabla como indicador:

**Capítulos Nº 1 y Nº 2 para los niños desde los 4 hasta los 6 años de edad.**

**Capítulos Nº 3 y Nº 4 para los niños desde los 7 hasta los 12 años de edad.**

**Capítulos Nº 5 y Nº 6 para preadolescentes y adolescentes hasta los 15 años.**

**Tercer paso:** Después de terminar la lectura completa y leer los capítulos específicos de su interés, invite con mucha suavidad a su hijo o hija para realizar la lectura en conjunto del cuento, correspondiente a su edad y a su beneficio, es decir:

**Capítulo Nº 1: Cuento de "La Estrellita ALERTA"**

**Capítulo Nº 3: Cuento de "Los Consejos de DOLLY"**

**Capítulo Nº 5: Relato de "La Carta de LAURA"**

**Cuarto paso:** Al terminar de leer el cuento seleccionado, con voz calma y con mucho ánimo, pase usted a conversar serenamente con su hijo o hija. La guía complementaria correspondiente a cada uno de los cuentos lo apoyará y orientará en esta delicada labor de interacción entre padres e hijos. Utilice una comunicación efectiva con palabras adecuadas a la capacidad verbal del niño.

**Capítulo Nº 2: Guía Complementaria del Cuento de "La Estrellita ALERTA"**

**Capítulo Nº 4: Guía Complementaria del Cuento de "Los Consejos de DOLLY"**

**Capítulo Nº 6: Guía Complementaria del Relato de "La Carta de LAURA"**

**Quinto paso:** Al concluir la conversación con su hijo o hija, por favor convengan o negocien un pacto de confianza, respeto y apoyo mutuo, a fin de brindarse solidaridad ambos en todos los momentos difíciles que puedan presentárseles a futuro.

**Sexto paso:** No cierre el libro, manténgase ALERTA en la prevención de sus hijos o de los niños de la familia o de personas conocidas. Únase a nuestro lema: "ALERTA y salvemos a niños y niñas del delito de abuso sexual infantil".

**Padre, representante, cuidador o maestro, ya conoce el camino, por favor no vaya a ciegas. Sellemos el aprendizaje y Salvemos a más pequeños**

# Introducción

Uno de los temas más misteriosos en nuestras familias es el abuso sexual infantil. Resulta increíble que un alto porcentaje de personas evitan conversar sobre ello. Este tópico nos ha impulsado en FUNDESAI a incursionar en investigar a profundidad sobre el delito cometido o por cometer, también a observar a los padres de niños de diferentes edades, entrevistar a representantes, cuidadores y maestros de nuestros niños y niñas, ha sido una desafiante experiencia humana, llegando al fondo del asunto.

Esta falta de compromiso familiar sobre la problemática alusiva al abuso sexual infantil con nuestros niños y niñas atenta contra los derechos y el desarrollo evolutivo normal de ellos. Es una realidad sociocultural, fuera de todo contexto humano, cada vez más acentuado en nuestros tiempos, por lo cual resulta indispensable brindar información útil de manera diferente y más adecuada para los padres, invitándolos a que juntos podamos detectar a tiempo al abusador, proteger al posible abusado menor de edad y evitar la cruel herida que marca para siempre el desarrollo a posteriori del chiquitín afectado.

Es un delito, repetimos, que se ha mantenido disfrazado, escondido entre los diferentes grupos sociales del pasado y más en los momentos actuales. Tema prohibido para muchas familias, nunca develado si por infortunio sucedió a uno de nuestros menores, como también puede acontecer entre nuestros mayores. Los daños causados a los pequeñitos son irreparables, traumas que quizás los conduzcan a una pobre calidad de vida personal en su etapa de adultez. El niño o niña quien sufre algún abuso sexual cargará con consecuencias de corto y largo plazo con esas secuelas profundas. Recordemos que muchos de los casos se delatan, como otros quedan silenciados para siempre, haciendo de la víctima una persona afectada per se.

El papel de la familia es esencial en la recuperación física, emocional y social del niño quien ha sufrido de abuso sexual, es de suma importancia en caso de haber sido evidente. La atención que se le ha de proporcionar a este niño o niña no debe únicamente centrarse en el cuidado de sus lesiones físicas, sino debe buscarse ayuda entre distintos consejeros o profesionales, facilitando también atención psicológica o médica de ser necesario.

Los menores de edad víctimas de abuso sexual pueden convertirse muchas veces en potenciales agresores; también suelen manifestar conductas híper sexuales, como por ejemplo la masturbación compulsiva, conductas seductoras o un exceso de curiosidad por los temas sexuales, agudizando el trauma ya causado.

Las estadísticas son alarmantes, un niño de cada cinco es abusado, **¡1 de cada 5!** Algunos países presentan estadísticas referidas de tres niñas de cada cinco son abusadas, datos realmente alarmantes en la actualidad. La diferencia de género en las secuelas también puede ser observada, si las víctimas son niñas suelen manifestar depresión y ansiedad casi de inmediato. En el caso de los niños puede ocurrir que se manifiesten más agresivos o que se conviertan en abusadores de otros niños. Estadísticamente, la mayoría del abuso se produce de varón a mujer y la mayoría de las mujeres no son abusadoras sexuales.

Para realizar una buena labor de prevención, nos es necesario conocer lo importante al señalar que no todos los niños manifiestan el mismo grado de afectación, para algunos, el abuso, puede significar un trauma y para otros las consecuencias pueden ser diferentes. Todos los casos son distintos. A fin de evitar el daño infantil, hagamos prevención... salvemos a más y más niños y niñas.

Considerar la definición de trauma nos da una perspectiva cruda del delito, es el resultado de un acontecimiento al que la persona no encuentra significado y que experimenta como algo insuperable e insufrible. El proceso del trauma en cualquier situación de abuso puede verse como aquello que altera el desarrollo cognitivo y emocional de la víctima, distorsionando su autoestima, su visión del mundo y perturbando las habilidades afectivas del niño para siempre. El trauma se minimiza si se les brinda ayuda.

El abuso puede estar cometiéndose durante un tiempo prolongado, dependiendo del grado de dominio del abusador y la fragilidad del abusado, en algún momento aparece lo que en clínica llamamos el trastorno de estrés postraumático. Este trastorno se manifiesta en las personas después de un acontecimiento catastrófico e insólito, en algunos es más silencioso y en otros genera cambios de conducta significativos.

Los síntomas más frecuentes del trauma o heridas psicológicas son las frecuentes vueltas al pasado y los sueños recurrentes con imágenes vivas, representación del suceso ocurrido, insomnio y depresión. Síntomas que suelen persistir durante mucho tiempo y muchas veces, durante toda la vida.

Respecto al tratamiento del trauma en los niños que han sido víctimas, algunos autores han llegado a la conclusión de que no todas las víctimas necesitan terapia, pero todas sí necesitan ayuda, comprensión, afecto, consideración y acciones concretas para denunciar. El niño o niña abusada puede necesitar una terapia, lo que sí se asegura es que el agresor la necesitará siempre.

Como datos informativos y contributorios a esta problemática familiar y social que nos ocupa, podemos decir, que las manifestaciones conductuales negativas de los menores suelen ser: confusión, tristeza, irritabilidad, ansiedad, miedo, impotencia, culpa y auto reproche, vergüenza, estigmatización, dificultad tanto en las relaciones de apego como déficit en las habilidades sociales, aislamiento social, desconfianza hacia todos o a veces hacia personas del sexo del agresor, baja autoestima, impulsividad, trastornos del sueño o de la alimentación, miedo, problemas escolares, fugas del domicilio, depresión, labilidad, conductas autodestructivas y/o suicidas, etc. Evitemos el daño infantil, hagamos prevención.

Por lo tanto este libro guía es para ilustrar a los padres y educar con cuentos a nuestros infantes, es un instrumento fácil y muy útil de usar por los padres, representantes, cuidadores y maestros, con el fin de enseñar a nuestros chiquitos, niños, preadolescentes y adolescentes a comprender el riesgo de ser tocados o abusados. Lo más importante es desarrollar la habilidad de comunicar a tiempo toda posible amenaza.

Nosotros, los padres y adultos responsables, podemos proteger y vigilarlos, pero no podemos ejercerlo todo el tiempo, por tanto es necesario enseñarles a ellos, brindando los vínculos de confianza para sensibilizarlos en la comprensión y protección de su propio cuerpo por ellos mismos. Tres (3) cuentos cortos presentamos, para ser leídos según las edades de los infantes de cada hogar, podemos utilizarlos para lograr por medio del proceso de enseñanza – aprendizaje la prevención y el desarrollo de la auto protección de nuestros infantes, por ellos mismos.

**Evitemos el daño infantil,**
**Hagamos prevención**

## Capítulo 1:

## Cuento "La Estrellita ALERTA" para niños y niñas de 4 a 6 años
Una lección de sencillez para alertar

*Había una vez un niño de 4 años, llamado* **Tony**, *quien era alegre y confiado ante todas las cosas que le pasaban en su corta vida, muy confiado, demasiado confiado.*

*Una noche se quedó dormido y soñó con una linda estrella de 5 brazos, suspiró y suspiró durante el sueño, quedó muy de amigo con su nueva aliada. A la mañana siguiente contó a su mamá sobre lo soñado, sintió mucha alegría su madre por tan lindo cuento soñado. Le dijo su mami: "esa estrella será tu mejor amiga"...*

*El cuento dice que Tony volvió a soñar con la estrella amarilla intensa la noche siguiente. Esa noche, la estrella le encomendó buscarle un nombre porque ella no tenía ninguno. Cuando el niño se levantó, inmediatamente se acordó de la tarea de buscar un nombre para su estrella...*

Pensó y pensó durante todo el día, cuando de pronto a la hora de dormir se acordó de lo confiado que era con todas las cosas de su corta vida, él entendió que necesitaba de una amiga quien siempre le alertara sobre los peligros que podía correr, ya que no los podía ver por ninguna parte. Esa noche se durmió confiado y feliz pues tenía que encontrarse en el sueño con su nueva amiga la estrella.

El sueño no se hizo esperar... al encuentro Tony le dijo a la amiga que ya le tenía el nombre, maravillada la estrella ante las razones del nombre, lo acepto con gran honor. Se llamaría la Estrellita ALERTA. La explicación ya la saben, la amiga lo alertaría ante los peligros que podía correr Tony en sus días futuros.

La Estrellita ALERTA lo salvaría solo de 5 tipos diferentes de peligros durante su vida infantil. Era lo que más podía hacer una pequeña estrella salvadora. A la estrella le tocaba ahora escoger esos 5 peligros para poder proteger a su amigo Tony, quien confiaba en todas las cosas y en todas las personas de su entonces corta vida.

Pensó y pensó mucho durante todo el día y justo antes del sueño de Tony, ella ya había escogido los peligros de los cuales salvaría a su amigo, de los peligros que no se ven entre la gente común y hacen que las personas pequeñas sean muy tristes cuando se vuelven grandes. De los problemas que se ven  no se ocuparía porque ya era asunto de su amigo Tony... abrir bien sus ojos ante la vida. La estrellita no podía con tanto trabajo.

Esa noche con gran emoción esperaba que su amigo Tony comenzara a soñar para decirle con voz muy clara cuáles eran los peligros en los cuales ella le podía proteger, aunque también fuera de día la protección.

La estrellita ALERTA le dijo: "Tony, amigo mío, solo te podré alertar con 5 tipos de peligros, debes ser obediente siempre cuando yo te hable al oído ante la amenaza que se te presente. Si estás de acuerdo sellamos el pacto ahora mismo"

Tony respondió: "Sí amiga, respetaré la promesa de hoy para que siempre me protejas y mi vida sea sana"

La Estrella le mencionó los 5 peligros que no se ven, pero se sienten:

1. Cuando no respetes a tus padres

2. Cuando te antojes de algo ajeno

3. Cuando una persona extraña que se te acerca mucho

4. Cuando alguien se burle de ti

5. Cuando alguien intente tocar tus partes íntimas

La estrellita ALERTA le explicó a su amigo la importancia de cada una de las 5 alertas que ella le daría para protegerlo siempre. Esas 5 alertas serían como sus 5 brazos, le pidió que no las olvidara nunca. Cada dedito de sus manos también representaría una alerta, así no las olvidaría nunca. A la larga aprendería a cuidarse él solito de tanto recordarlas. Él solo estaría ALERTA y se protegería.

Para hacer corto el cuento, en los sueños siguientes, la estrellita ALERTA le hablaba más y más sobre cada una de las 5 alertas, siendo la última alerta la más complicada de explicar y a la vez de entender por parte de Tony, él se preguntaba porque alguien desearía tocar sus partes íntimas, eso era malísimo si sucedería.

Tan extraña resultó esa alerta para Tony, que le contó a su mami y a su papi sobre la quinta alerta que le daba su amiguita:

**"Cuando alguien intente tocar tus partes íntimas, debes decir NO toques, NO lo quiero, NO es correcto, NO puedes hacerlo, NO lo permito... y debes contarlo rápidamente a un adulto de tu confianza, recuerda son 5 no!"**

Su papá, maravillado ante lo conversado con su hijo, también le hizo prometer que SIEMPRE RECORDARÍA ESOS 5 NO PARA TODA SU VIDA, SI LLEGARA A SUCEDER. SUS PADRES DEBÍAN SABERLO DE INMEDIATO, PARA PROTEGERLO Y SABER ACTUAR ADECUADAMENTE...

*Y así lo prometió Tony a sus padres ese día y para siempre. Le contó luego en su sueño a su mejor amiga la estrellita ALERTA  la promesa hecha a sus padres sobre los 5 NO que debía recordar siempre, ella también sentía gran alivio por lo prometido por Tony a sus padres.*

**Eran 5 NO como los deditos de sus manos...**

*Este cuento se acabó pero  debemos ahora conversar todos sobre la QUINTA ALERTA de la misión de la amiga de Tony, la estrellita, amiga por siempre...*

**Del amigo TONY**

# Capítulo 2:

## Guía complementaria después de la lectura "La Estrellita ALERTA"

Respetado padre y/o representante, fue nuestra intención que usted leyera el cuento **"La Estrellita ALERTA"** para abrirle los ojos en la humana labor de sensibilizar a su hijo o hija, con edades comprendidas entre los 4 y 6 años, e iniciar la educación de prevención sobre el abuso sexual infantil....

Por ellos le damos las gracias

Ahora le presentamos una pequeña guía para que su desempeño como padre o madre sea excelente, les toca aprender a ambos, padres e hijos, a pesar de la diferencia de edades entre ustedes, pero deben ponerse al mismo nivel que sus infantes. Siéntese a su mismo nivel de altura, de manera que los ojos del infante y los ojos de usted logren coincidir horizontalmente, es muy importante psicológicamente. De esta manera no se sentirá dominio por ninguna de las partes, todos son personas interesadas en leer y oír un cuento, el cual deberá ser conversado posteriormente para mayores beneficios.

Reconozcamos que el hogar constituye el mejor y más apropiado lugar de encuentro para los niños con sus padres. Una infancia sana, plena, de adecuado disfrute y atenciones por parte de los adultos que conviven cercanos a los infantes, traerá los mayores beneficios a posteriori en el desarrollo sexual del ser humano en crecimiento, fundamentados en el tiempo, con espacios de calidad, confianza, educación y valores familiares en positivo.

Es la casa hogareña el lugar de intercambio y ternura, donde los niños desarrollarán su capacidad de asumir su propia sexualidad y aprenderán a cuidarse, crecer y protegerse. Tema que nos une hoy.

Por estos argumentos tan conocidos por todos, como madres de jóvenes adultos, compartimos a continuación los siguientes tópicos sobre la enseñanza acerca del entendimiento del cuerpo infantil por el propio niño o niña, partes que deben ser respetadas siempre para evitar males mayores que puedan causar dolor y sufrimientos físicos o emocionales a niños de 4 hasta 6 años de edad, enseñanzas y aprendizajes que deben estar muy claros en los impúberes; ellos y ellas son piezas claves para el futuro de una nación y del mundo entero.

Recuerden que un niño, entre las edades mencionadas de 4 a 6 años, cuando está bien informado tendrá menos probabilidades de convertirse en víctima de un abuso sexual ya sea intrafamiliar o extra familiar. Antes de dar un paso adelante, vamos a chequear los siguientes aspectos:

**Características físicas de un desarrollo normal de su hijo o hija a ser consideradas, son:**

El desarrollo físico aumenta rápidamente durante los años preescolares sin diferencias importantes en el crecimiento de los géneros, niños y niñas. Los sistemas muscular y nervioso junto a la estructura ósea están en proceso de crecimiento, maduración y están presentes todos los dientes de leche, dato relevante. Podemos observar algunas características de este desarrollo en las siguientes conductas propias del niño en las edades mencionadas:

Camina, corre, salta en dos pies, camina en punta de pies, sube y baja escaleras.

No lanza bien pero no pierde el equilibrio

No detiene la pelota pero juega

Comienza a abrochar y desabrochar botones. Copia figuras geométricas simples

Comienzan a identificarse como niño o niña. Comienzan a explorar genitales y sentir placer

Capaces de comprender y mantenerse en juegos deportivos sencillos, así como de tipo cognitivos.

Su cuerpo es estable en coordinación y posturas. Inicio del proceso de socialización con la incorporación a la escuela

Logro de la autonomía temprana Inicio de la tipificación sexual

Desarrollo de la conducta de iniciativa y cooperación

**Conductas comunes, asociaciones mentales y reacciones emocionales más frecuentes son:**

El niño comienza a establecer relaciones básicas entre dos hechos de manera general y vaga, no con absoluta precisión. Esto apunta a que su mundo ya es más predecible y ordenado.

El niño se centra en un aspecto de la situación, hecho o juguete, sin prestar atención a la importancia de otros aspectos. Puede cambiar de juguete repentinamente.

Si le preguntamos a un preescolar si tiene una hermana, puede decir "sí". Si le preguntamos si su hermana tiene un hermano dirá "no".

Acción más que abstracción mental: el niño aprende y piensa mediante un despliegue de "secuencias de la realidad en su mente". Asociación de ideas por acción.

Razonamiento "transductivo": ni deductivo, ni inductivo. Pasa de un específico a otro no específico, sin tener en cuenta lo general. Puede atribuir una relación de causa-efecto a dos sucesos no relacionados entre sí. Es importante la demostración de figuras, dibujos o fotos para lograr su razonamiento asociativo.

Egocentrismo: un niño a esta edad se molesta con una mosca negra y grande que zumba y le dice "mosca, anda a tu casa con tu mamá". Piensa que otras criaturas tienen vida y sentimientos como él y que puede obligarlos a hacer lo que él quiere.

Entre los 4 a los 6 años, el preescolar comienza a dominar varios conceptos:

**Tiempo:** maneja cualquier día pasado como "ayer" y cualquier día futuro como "mañana".

**Espacio:** comienza a comprender la diferencia entre "cerca" y lejos", entre pequeño y grande.

**Relaciones:** comienza a relacionar objetos por serie, a clasificar objetos en categorías lógicas. El aprendizaje es por medio de patrones que se repiten.

**Rasgos de conducta observables a considerar podrían ser:**

Físicamente activo. Emocionalmente frágil, ambivalente.

Obstinado, negativa, siempre un "No"

Ansioso en lo sexual, curiosidad. Con temores en aumento.

El lenguaje y la función simbólica están en desarrollo, identifica logos socialmente comunes Se aprenden los hábitos de auto cuidado.

Después de repasar algunas características dentro de la norma general del desarrollo evolutivo de los infantes; por favor busque papel blanco, lápices y creyones para comenzar a trabajar y dibujar junto a su hijo o hija, según la secuencia del cuento ya leído y cada uno de los personales allí relatados. Después de dibujar las cuatro figuras quienes protagonizan el cuento, de "Tony", la estrellita, a mami y a papi, chequeen ambos cada detalle que llame la atención de los personajes. Cada dibujo representa un momento importante para iniciar un diálogo ameno: pregunte a su niño o a su hija, de manera suave, sin invadir, sobre la significación de la realización de cada dibujo y por qué lo dibujo así; aproveche el diálogo que se inicia para conducirlo al objetivo deseado transmitido en el desarrollo del cuento, enseñarlo a prevenir conductas que no debe aceptar. Cuando usted haya iniciado la comunicación por favor guíese con estas preguntas o elabore otras más adecuadas en su caso:

- *¿Te gustó el cuento? ¿Por qué te gustó el cuento?*

- *¿Qué me puedes contar de Tony? El niño puede hablar acerca del protagonista del cuento, qué hacía, su edad y otros detalles que quedarán a su imaginación.*

- *¿Por qué Tony está alegre?*

- *¿Me puedes contar tú un cuento de cuando la estrellita ayudó a Tony?*

- *¿Cuántos brazos tiene la estrellita de Tony? Hará referencia a los 5 brazos y posiblemente hará asociaciones con otros elementos, los deditos de su mano. Déjele correr la imaginación.*

- *¿Qué nombre le colocó Tony a la estrellita?*

- *¿Tu mano se parece a la estrellita? ¿Cuántos deditos tienes? Alzará su manito abierta para que se vea en forma de estrella.*

- *¿Quién fue la primera persona a quién Tony le contó su sueño?*

- *¿Qué te gusta de los papás de Tony? Preste atención a estas importantes respuestas y escríbalas en el dibujo de su niño o de preferencia en otro papel aparte.*

- *¿Tú crees que ahora Tony está protegido? ¿Cómo te proteges tú?*

- *¿Cuéntame cómo te proteges/cuidas tú? ¿Cómo te gustaría que yo te protegiera o cuidara?*

- *Pídale al niño o niña que identifique sus partes íntimas en su cuerpo o en el dibujo. Explíquele que diga NO cuando alguien que no sean mami o papi quieran tocar esas partes privadas.*

- *Insista y refuerce el reconocer las partes íntimas y el no dejarse tocar por nadie, más aun por un extraño.*

Después de la lectura del cuento de forma amable junto con la observación de todos los dibujos, ha llegado usted al momento de sellar con su hijo o hija los acuerdos de protección y confianza mutua, en consonancia con la sencillez del cuento, a través de los consejos de esta guía complementaria. Por ello, además de los aspectos normales en esta etapa infantil existen otros tópicos importantes a ser tomados en cuenta si llegaran a suscitarse en su hijo o hija:

Pueden aparecer conductas exhibicionistas, incluso de imitar lo que ven en la televisión, el entorno familiar o social, de marcado carácter sexual; asimismo, iniciarán actividades auto exploratorias y/o auto estimulatorias, las cuáles en definitiva podrían determinar un aceptable y bien desarrollado **sistema de hábitos sexuales**, al ser bien encauzadas estas conductas por parte de ustedes los padres, al no castigar ni desaprobar de mala manera lo que consideran reprobatorio conductualmente. Usted debe actuar de manera neutral, sin manifestar asombro o enojo, todo lo contrario, de una manera tranquila, serena y calmada, sin alarmas, de forma natural y paciente. De darse el caso, como parte de la curiosidad del niño por sí mismo y el mundo que le rodea, recuerde que ellos exploran su cuerpo con entusiasmo y curiosidad.

Posterior a los acuerdos de protección y confianza mutua con su infante, refuerce con énfasis la última alerta, acerca de cuando alguien intente tocar sus partes íntimas, se conversará con palabras sencillas de cómo defenderse, de lo bueno de contarlo inmediatamente a usted como padre o madre. La conversación básica es esencial, el niño debe sentirse respetado por su padre, decirle a su hijo que le cuente siempre las cosas que le pasan con las demás personas, por ejemplo quién o quiénes tratan de tocar su cuerpecito sabiendo que esas partes son privadas y no deben tocarse; cuando mami o papi, un familiar o amigo de la casa lo abrazan y besan, explíquele con palabras sencillas que un beso en la frente o en sus mejillas es normal, pero en la boca no lo debe permitir, aludiendo al tema de la salud. Así como este ejemplo, hay otros referidos a los abrazos con verdadero afecto y otros que pretenden ir más allá con el roce en otras partes del cuerpo de su hijo. Toda esta información es totalmente bien recibida y es asimilada por niños entre 4 y 6 años de edad. Nunca delegue a otros esta enseñanza, surtirá mejor efecto si un niño la recibe de sus protectores con amor y confianza como son los padres o representantes.

Sirvan estos consejos como pilares para la formación y disciplina de nuestros chiquitos:

Establezca confianza y ternura ante su niño cada vez que lo precise, es allí el encuentro óptimo e indicado para conversar sobre las partes de su cuerpo que son sensibles y por esta razón van cubiertas con ropa interior.

Asimismo, puede aprovechar para explicar de manera sencilla acerca de la diferencia de sexos en esta etapa, ya que para ellos la identidad sexual pudiera no estar muy determinada aún, solo pueden observar genitales diferenciados entre los varones y las niñas.

Decir a los niños que ninguna persona extraña o simplemente cercana de su entorno familiar no debe tocar ni jugar con sus partes privadas, constituye una de las principales medidas de prevención, es el punto de partida para que posibles ofensas de un abusador sexual sean recibidas por el niño como que algo malo está sucediendo y sepan diferenciar una caricia buena de una caricia mala o sospechosa, a partir de los dos años pueden reconocer intuitivamente lo bueno de lo malo porque en el hogar los padres lo enseñan con ejemplos vivenciales en el día a día.

En el hogar, siempre con un positivo entorno, los padres, abuelos, tíos, familia y mayores en general, son quienes tienen un lugar en el desarrollo psicosocial de cada niño desde temprana edad; todos deben dirigirse con seguridad cada vez que reconozcan cambios de conducta en el niño, deben estar atentos a estos cambios. Entre todos, pueden lograr el apoyo para encontrar las causas que ocasionan cualquier eventualidad en detrimento del niño y su normal desarrollo; de no hacerlo se estaría incurriendo en negligencia o abandono, tipificado como **"maltrato infantil"**.

El psicólogo Albert Bandura realizó estudios importantes con niños en edad preescolar, determinando que el comportamiento de los infantes depende del ambiente, así como de los factores personales: motivación, atención, retención y producción motora. Citando a Bandura: "La persona tiene unas características individuales, pero pone en marcha determinadas conductas, lo que hace en un entorno determinado (familia, escuela) se vaya dando de manera de imitación o modelaje de las conductas que llaman la atención al infante. A nivel de desarrollo hay una interacción entre persona/entorno, persona/conducta y conducta/entorno, las cuales marcan la pauta del desarrollo evolutivo del impúber hacia un ser adulto maduro y estable emocionalmente. La forma como usted quiera, enseñe, cuide y proteja a sus hijos será el resultado en términos de persona exitosa o con tendencias al fracaso.

Deseándole que estos dos primeros capítulos de nuestro libro–guía hayan sido de suma utilidad para usted y su familia, recuerde estar ALERTA siempre en relación al abuso sexual infantil. Comparta el conocimiento y experiencia vivenciada gracias al cuento "La Estrellita ALERTA" una forma lúdica de educar bien a los infantes en esta difícil tarea de cosas de sexo. Hasta podría tener al paso del tiempo una segunda lectura para reforzar y volver a sellar el voto de confianza y protección del infante.

Este es un libro de los pocos que se encuentran en el mercado que permite enseñarles a los niños desde temprana edad la importancia de cuidar la intimidad de sus cuerpos. Usted ha dado el primer paso para proteger y prevenir la salud sexual de su niño o de su niña, también ha roto con sus propios tabúes de hablar sobre la sexualidad a sus niños pequeños, y continuar dando los siguientes pasos a medida que sigan creciendo para continuar atreviéndose a conversar sobre el abuso sexual. Conserve este libro para futuro... seguimos con usted.

## La tarea continúa...
## Los niños siguen creciendo y las variables amenazadoras cambian... ALERTA!

# Capítulo 3:

## Cuento "Los Consejos de DOLLY" para niños y niñas de 7 a 12 años

*Un cuento para pensar, aprender y alertar...*

Este cuento comienza como todos los cuentos. Es un cuento con un principio amoroso, un relato triste y un final que gracias a Dios termina bien. Debes leerlo y reflexionar sobre la historia personal de Dolly y por qué ella ahora te da sus consejos.

Sigue leyendo, piensa y luego debes aprender a cuidarte tú mismo tu cuerpo.

Dolly nace en un hogar amoroso, con padres amorosos, y una familia de tíos, abuelos y primos todos muy amorosos. La niña Dolly tuvo la suerte de nacer en una casa donde todos celebraron su nacimiento con aplausos, regalos, y celebraciones por la linda niña que había venido al mundo.

Nuestra niña fue creciendo dentro de una familia, con buenas relaciones, buenas costumbres y mucho amor. Sus padres la adoraban y cuidaban al extremo de hacerla reír casi a diario. Entre cantos, mimos y caricias tiernas, Dolly fue creciendo poco a poco hasta los 4 años sin ningún problema, hasta que un día toda su vida cambió de repente.

Los padres de Dolly decidieron separarse porque ya no se entendían entre ellos, algo había sucedido que el amor se rompió. Esa decisión afectó mucho la rutina bien llevada de la niña hasta esos momentos, la separación de los padres cambiaría para siempre su vida y sin saberlo, a tan tierna edad, este hecho le dejaría una huella dolorosa muy grande de superar, el amor de sus padres ya no sería el mismo.

Cuando Dolly se mudó de su casa, dejando a su papá en un país extraño, que no era el suyo del origen materno, lloró mucho al subirse al avión porque la alejaban de su papá. Fue entonces que las cosas comenzaron a ponerse cada día más difíciles para ella, sin comprender mucho lo que le pasaba a su mamá, comenzó a tenerle miedo y rabia al mismo tiempo.

Cada día en su nueva casa, sin papá, era regañada por mamá por cualquier cosa que dijera o hiciera, incluso hasta cuando jugaba solita con sus muñecas. La mamá, quien estaba afectada por su separación, al estar sola con una niña ya no la soportaba como antes, se sentía asfixiada, la niña era *objeto de contradicciones constantemente, además de maltratos sin razón aparente, era castigada y se le pegaba sin clemencia. La pequeña Dolly no entendía qué pasaba. Ya no tenía un hogar amoroso, ni unos padres amorosos, y menos una familia amorosa. Sola, lloraba mucho y rezaba a su tierna edad pidiendo a Dios la oportunidad para volver con su papá al otro país donde ella había nacido.*

*La separación siguió su curso y Dolly comenzó su etapa escolar, un colegio de niñas donde reían, cantaban y hablaban todo el tiempo. Ella las observaba desde su pequeña silla y se preguntaba por qué ya no podía reír. La respuesta le vino rápido al tratar de mover sus piernitas y sentir el dolor agudo por tanto maltrato de mamá el día anterior. Este dolor le impedía a nuestra niña que se levantara de su sillita, le dolían sus piernas para caminar y correr junto a sus nuevas amiguitas. Ella en su nuevo colegio lloraba dentro de sí misma, sin lágrimas aparentes, solo en su cuarto sin amor tenía el momento de permitir que sus lágrimas corrieran por sus cachetes y no pararan de salirse a borbotones.*

*Así pasaron 3 años, nuestra Dolly cumplió sus 7 años de edad, con dolor en sus piernas, lágrimas y añoranza por reír... Había aceptado el maltrato de su mamá diariamente y había callado ante las frecuentes llamadas telefónicas de su papá, con quien deseaba vivir y volver a reír.*

*La historia triste de Dolly no termina acá, continúa el maltrato y el abuso físico a la pequeña. Pues* les cuento que para ese tiempo llega el Tío Paco a su casa, quien se encariña con la niña triste. Dolly, al sentir un poco de atención y buen trato, su corazoncito se alegraba mucho, y pone toda su confianza en el tío Paco, quien poco a poco se va ganando más y más el cariño de nuestra Dolly. Comienza así un juego secreto por parte del tío de caricias, besos y abrazos para Dolly.

Estas manifestaciones de cariños poco adecuados no estaban gustando a la pequeña, se sentía incómoda, y no sabía cómo actuar ni qué decir, mucho menos en quién confiar.

Ella pensaba:

No puedo preguntar a mamá porque ella no me quiere mucho...

No puedo preguntar en mi colegio porque las maestras se burlan de mi tristeza...

No puedo preguntar a mi papá porque tengo miedo y está lejos...

¿A quién pregunto entonces? No me gusta como tío Paco me toca... esto está mal.

El tío continúa con sus raras conductas, Dolly indefensa llora más ante las caricias cada vez más atrevidas del tío, quien maliciosamente le gusta pasarle la mano por todo el cuerpecito a Dolly. Obligándola a guardar el secreto de estas caricias con severas amenazas para la niña, cosa nada rara de darle regalos y más regalos. Impotente, solo cerraba sus tristes ojos cuando el tío visitaba la casa, muy alegre y sonreído, cantando y conversando con las personas adultas que allí vivían. La responsabilidad de la nana Matea era cuidar de la niña, pero ante los halagos del Sr. Paco la nana se olvidaba de sus obligaciones. Un regalito por acá y una sonrisa por allá, una cosquillita zalamera, bastaban para que todos le dejaran el campo libre para abrazar a Dolly y salirse con su conducta morbosa.

Cada día Dolly sentía desprecio por él, por ella y por todas las personas adultas que no le prestaban atención ante su desdicha, sus partes íntimas eran tocadas cada vez que el tío Paco visitaba la casa y los adultos no se daban cuenta, a pesar de que ella lo gritaba en su cara y en sus ojos. Nadie se daba cuenta de lo malo que pasaba en su vida...

Dolly imaginaba:

Ni mamá

Ni papá

Ni mis abuelas

Ni mis maestras...        Suspiraba y lloraba por lo que le pasaba.

Llegó un día en que Dolly no podía más. A sus 10 años, tres largos años de abuso por parte de una persona conocida y de extrema confianza en la familia, el tío Paco. Entonces la vida le brindó una bella oportunidad de reaccionar y poner fin al abuso del que ella era víctima por parte del tío... pasaría las vacaciones de verano con su papá allá en el país donde él vivía.

Emocionada subió al avión, cuando llego a la casa de su papi, nuestra Dolly sintió una nueva energía de vivir y volver a reír, como antes lo hacía junto con su papá. En esas vacaciones todos los días Dolly le decía a su papi que no deseaba volver a casa de su mamá, que por favor ella sería una buena niña si la dejaba vivir junto a él.

Ante la insistencia de la niña con su papá de no querer regresar, comenzó este a sospechar que algo raro le pasaba a su hija. Le preguntaba y Dolly callaba, volvía a preguntar y Dolly lloraba, hasta que volvió a preguntar y Dolly... ¡habló!

Cuando la niña entre sollozos y lágrimas le contó tímidamente su triste vida allá en el otro país, su papá solo podía abrazarla y llorar junto a ella en un eterno y solidario abrazo, no podía crecer que su hija amada y muy querida fuera víctima de maltratos por parte de la madre y de abuso sexual por parte del tío Paco, dos personas de la familia y cómo era posible que ni la nana Matea se diera cuenta de lo que le pasaba a su hija.

Todo esto pasaba por su mente, pero no debía reaccionar violentamente, pues tenía entre sus brazos a una niña lastimada desde hacía muchos años atrás, también pensó que él tenía parte de culpa por no brindar a su hijita la confianza necesaria para actuar adecuadamente ante las situaciones de la vida, donde cada persona debería aprender a dejar el miedo y a decir sus verdades, sin ser amenazadas y menos juzgadas, ni castigadas.

Dolly se quedó viviendo con su papá en el otro país y fue creciendo como una niña consciente ante las situaciones de la vida, su papá le brindó mucha confianza y sus estudios mejoraron mucho, las calificaciones buenas y las sonrisas volvieron a la cara de nuestra Dolly, quien daba gracias en sus rezos.

Dolly tiene ahora 16 años y ha superado sus penas, su papá y la ayuda del consejero han contribuido a la superación de sus traumas infantiles, ha estado ella muy consciente de lo indefensos que se encuentran los niños y niñas a temprana edad y por eso nos escribe para prevenir a todos los niños pequeños de los posibles abusos infantiles por personas de la familia o por personas cercanas, más aun por personas desconocidas como sucede en muchísimos casos.

AHORA comienzan los consejos de Dolly a fin de alertar a infantes, niños, y adolescentes sobre cómo se va dando el proceso de seducción paso a paso, TODOS juntos vamos a contribuir a respetar los derechos del niño a tener una vida más sana y protegida de vicios o delitos por personas malas.

Dolly, consciente de lo que le pasó en su infancia en 2 oportunidades, nos aconseja saber y aprender a que cada niño y niña también debe cuidarse solo, lo más importante es aprendiendo también a confiar en nuestros padres, u otra persona adulta.

Dolly comienza diciendo:

*Fui maltratada a mis 4 años por mi mamá y no comprendí su mal humor*

*Fui abusada por mi Tío Paco y no supe cuidarme ni defenderme*

*Toda personita necesita aprender a cuidarse y defenderse solita*

**Por ello les escribo mis consejos desde mi corazón...**
**"LOS CONSEJOS DE DOLLY"**

**1: Aprende a comunicarte con tus mayores, padres o persona de confianza para ti**

*Esto es muy importante, tener una persona adulta a quien acudir en caso de peligro, para poder decir las cosas que te gustan y las cosas que no te gustan solo así estarás siempre a salvo en los casos que pudiera ocurrirte algo, una amenaza, un accidente, una desconfianza hacia otra persona.*

*La buena comunicación con tus padres o cuidadores es importante que lo sepas y manejes cuando sea necesario. Confía y aprende a no tener miedo a tus* padres por más serios que ellos sean, son tus protectores, también pudiera ser una abuela o maestra con quien te la lleves bien.

Toma mis consejos porque están escritos desde mi corazón, solo para tu bienestar y aprende a cuidarte solito también. Gracias por leer y aprender mis consejos...

**2: Aprende a que tu cuerpo sea respetado, nadie debe tocarlo sin tu permiso.**

Lo primero es aprender a cuidar tu cuerpo. Nadie deberá tocar tu cuerpo si no quieres, así que debes saber que tienes derecho a decir NO cuando te vayan a dar un beso o te toquen en las partes íntimas de tu cuerpo.

También debes aprender a alejarte de aquellas personas, conocidas o extrañas, que no te gustan. Si este es el caso debes acudir a tus padres y decirles con confianza por qué no te gusta esa persona.

Aprende a decirles a tus padres todas las verdades de tus gustos hacia las otras personas que NO te gustan, hasta que ellos respeten tu mensaje. Busca a alguien a quien decirle que te están tocando tu cuerpo y no te gusta, denuncia el hecho, comprende que se está iniciando un proceso de abuso a tu cuerpo.

**3: Aprende a distinguir el cariño bueno del cariño malo**

Te estamos enseñando que existen dos tipos de cariños. Los cariños buenos y los cariños malos. Solo debes aceptar los cariños que sean buenos.

Por ejemplo un cariño bueno es aquel que te brinda tu mamá al abrazarte con alegría, muchas veces también te da un regalo.

Un cariño malo es aquel cuando te tocan tus nalguitas, tus téticas y no te gusta, porque es una parte muy íntima de ti, nunca debes permitirlo. Otro cariño malo es cuando la persona trata de quitarte tu ropa interior y además trata de tocar tus partes íntimas. Entonces en este momento debes hacer respetar tu cuerpo, diciendo "eso NO".

Debes acudir a una persona adulta de confianza y contarle lo que está sucediendo, así el adulto exigirá respeto y acudirá a realizar la denuncia del caso, no dejes que lastimen tu vida infantil por conductas no aceptadas entre las personas conocidas y menos cuando son desconocidas.

**4: Nunca aceptes tener secretos con personas que te brindan confianza y afecto**

Este cuarto de los consejos de DOLLY se refiere a aquellas personas que te invitan a guardar un secreto que no debes decir nunca a nadie y menos a tus padres. Este secreto se convierte en malo, es peligroso para ti porque tienes el riesgo de que te hagan un daño muy grande y sea tarde para que tus padres te *protejan. Por tu edad no comprendes el gran riesgo que corres al mantener los hechos bajo un secreto, forma parte de la secuencia de iniciar y continuar abusando sin ser descubierto.*

*Cuando tus padres, mamá o papá, te dicen un secreto pícaro como la celebración de una fiesta sorpresa lo llamamos un secreto sano, bueno, en este caso mantén el secreto de la fiesta sorpresa. Un regalo para tu hermano o hermanita.*

*Es malo y muy dañino cuando un adulto te invita a guardar secretos de cosas que no entiendes y son conductas inadecuadas, juegos malos, regalos que dañan, son muchas cosas que pueden pedirte que guardes el secreto y tienen la finalidad de abusar de tu cuerpo en corto tiempo.*

*No guardes nunca secretos de nadie, confíalos a alguien y te orientará, aprende a cuidarte tú solo también...*

### 5: Mejora la relación y responsabilidades con tus padres

*Estas son las responsabilidades de tu papá y de tu mamá, para cuidarte, educarte, protegerte y amarte, responsabilidades agradables para tus padres.*

*Pon siempre la confianza en tu papá y tu mamá, contándoles todo lo que te pasa, en la escuela, la casa, con tus amigos y amigas, con tus primos y tíos, tus* abuelos y amigos adultos, así tus papas saben lo que te sucede en cada momento.

Si algo malo te sucede ellos saben cómo cuidarte, protegerte y salvarte de conductas malas de otras personas. Recuerda siempre que una persona mala puede ser un amigo, o un familiar o una persona a quien tú quieres mucho.

**6: Nunca aceptes una invitación de una persona a quien no le tengas confianza.**

Cada persona adulta tiene buenas o malas intenciones para con los pequeños, cada niño o niña sabe bien si una persona le gusta o no le gusta, en cada caso debes siempre decirle a tus padres o persona en quien confías sobre las invitaciones sospechosas que no son adecuadas y además son secretas.

Esas invitaciones ponen en peligro tu cuerpo y tus emociones, debes cuidarte y saber decirlo a tiempo. Amiguito y amiguita es necesario conversar, decir, hablar, hasta que te oigan y respeten tus comentarios, si son de alerta con mayor razón deberás comunicarlos rápido.

**7: Sigue aprendiendo y que nadie detenga tu vida sana...**

Como personitas en crecimiento y aprendizaje en esta vida debemos estudiar, hacer un deporte, tener un hobbies, ser amigo de los buenos libros, tener amigos, *son muchas cosas que debemos y podemos hacer sanamente.*

*Pero también debemos estar alerta contra el peligro y las amenazas, saber diferenciar una actividad adecuada de una mala acción formará parte de nuestro desarrollo y crecimiento.*

*Aprende también sobre tus Derechos Internacionales del Niño, de las leyes que te protegen, de las autoridades a quienes puedes acudir. Debes estar en ALERTA y saber cuidarte tú solito también.*

*Con todo mi amor para alertar a los niños y niñas…*
**DOLLY**

# Capítulo Nº 4

## Guía complementaria después de la lectura "Los Consejos de DOLLY"

Padres y/o representantes, dando continuidad a nuestra guía y en la tarea de reforzar los aprendizajes por medio de una interactiva actividad educativa con sus hijos, si es el caso, le pedimos lean el cuento **"Los Consejos de Dolly"** junto con ellos a fin de poder continuar enseñando a sensibilizar a su niño, en las edades comprendidas entre los 7 a 12 años para la prevención sobre el abuso sexual infantil.

Por ello le damos las gracias.

A partir de este momento les ofrecemos esta guía para que su desempeño como padre, madre, representante o cuidador sea óptima, ambos aprenderán a pesar de las diferencias de edades, por ello deberán comprender psicológicamente la ventaja de ponerse al mismo nivel visual de su niño o niña, es de gran utilidad que ayuda a la efectividad del diálogo entre las partes y a la comprensión de los conceptos inmersos en el cuento. Póngase muy cómodo y a la misma altura física de ellos, invite al niño que lo acompañe en la sana travesura, con alegría y complicidad para leer juntos un cuento, el tema lo amerita, procure siempre que sus ojos y los de los niños queden a la misma distancia, de tal manera que no se ejerza autoridad en ninguna de las partes, de esta manera el cuento despertará mayor interés y por ende favorable al objetivo, debemos lograr que sea conversado profundamente posterior a su lectura y asimilado en su totalidad en la medida de los posible.

En el hogar se forma el principal y oportuno nicho para la fijación de los valores, por tanto es allí donde el compartir e informar de forma adecuada por madres, padres, representantes y/o cuidadores se convierte en el objetivo educacional primordial. Una niñez saludable, integra, de apropiada recreación y esmerada atención por parte de los responsables que conviven con los niños, aportará beneficios en el delicado desarrollo sexual del ser humano en crecimiento, dentro del curso normal de su desarrollo, con tiempo de calidad, confidencia, formación y valores familiares deberían ser en positivo.

Basándonos en lo argumentado anteriormente, brindamos algunos detalles importantes sobre el desarrollo infantil en niños con edades comprendidas entre los 7 y 12 años, que servirán de referencia para la mejor comprensión de dónde estamos y cómo podremos apoyarlos, a fin de que nuestros niños y niñas puedan entender y respetar su propio cuerpo. Todo niño o niña conociendo su cuerpo, podrá manejar mejor las herramientas de protección personal, de esta manera logrará impedir los daños que puedan causar sufrimientos físicos y emocionales a sí mismo, nuestros niños, estando estos conocimientos claros, lograremos tener una generación futura más sana, quienes serán la clave fundamental del buen desarrollo humano, social y espiritual a nivel familiar con redundancia en el bienestar mundial.

Tengamos presente que un niño, entre las edades de 7 a 12 años, cuando está bien educado, enseñado e informado tendrá menos probabilidades de convertirse en víctima de abuso sexual, ya sea en la familia o fuera de la misma familia. Antes de continuar, los invitamos a revisar los siguientes aspectos, cabe aclarar que son solo aspectos generales a fin de tenerlos presentes por formar parte del tema:

**Características físicas generales de los niños en las edades comprendidas entre los 7 y 12 años son:**

El crecimiento y desarrollo físico es tan particular en este período que existen grandes diferencias entre niños de igual edad; sin embargo, una de las características generales, es que la velocidad de crecimiento, continúa siendo lento y gradual en casi todas las partes del cuerpo.

La coordinación y el control muscular aumentan a medida que se van perfeccionando las habilidades motoras y finas. Sin embargo, el crecimiento de los músculos grandes antes que los finos, determinan una torpeza esperable para la edad.

El peso y talla durante los años escolares va mostrando una diferencia relacionada directamente con el sexo. Los varones tienden a aumentar de peso hasta los 12 años y la ganancia en altura, es similar en varones y niñas.

El incremento de peso es de alrededor de 2,0 a 2,5 kilos en el año y de talla alrededor de 5 a 6 cm. en el año. A partir de los 9 años ocurre en las niñas el "estirón" y en los niños ocurre a partir de los 10 años y medio. Datos siempre controlados por los pediatras.

**Sistema inmunológico:** a partir de los 7 años se produce un aumento de la capacidad inmunitaria lo que hace al niño más resistente a las enfermedades. Los niños presentan un aumento de tamaño de los ganglios, que tienen participación importante en la defensa del organismo. Estos son posibles de palpar al examinarlos.

**Desarrollo Óseo:** se produce a expensas de la aparición de los núcleos de osificación que dan origen al crecimiento del tejido definitivo. La variación normal de la maduración ósea puede ser grande y debe ser tomada en cuenta cuando se valora al niño. Hay variaciones definidas por el sexo. La maduración ósea en las niñas, por varios meses, es más rápida a la madurez ósea de los niños durante la primera década de la vida. En la segunda década, puede haber una diferencia mayor en los niños que en las niñas, la edad ósea puede variar de la edad cronológica en un año sin que esto sea anormal.

**Desarrollo sexual:** en los niños, el desarrollo sexual es dos años después que el de las niñas, en ellos se observa que los testículos aumentan de tamaño a partir de los 9 años y medio y con él aparecen discretamente los caracteres sexuales secundarios como: vello facial, cambios en el tono de la voz y funcionamiento de glándulas sudoríparas y sebáceas.

**Desarrollo cognitivo:** en este período el pensamiento es lógico y la percepción de la realidad es objetiva, por ello es concreto. Puede fijar su atención en aspectos de la realidad que son predecibles, lo que le ofrece estabilidad, aumentando su capacidad de aprender. Podrá fijar su atención para obtener información, descubrir y conocer el mundo que le rodea.

La relación que establece con su entorno y el grado de madurez alcanzado le permite una ampliación del sentido de sí mismo como entidad separada, como ser activo y pensante con relación a otro. Dejan atrás el egocentrismo de la etapa anterior.

Estos procesos se van afianzando durante los años escolares, permitiendo que el niño logre comprender los principios de:

**Conservación,** es decir comprende que un elemento no pierde su esencia aunque cambie su condición física.

**Reversibilidad,** es capaz de comprender que en cada uno de los elementos de un grupo u operación matemáticas hay un elemento que puede ser inverso, que cuando es cambiado por el primero da como resultado el elemento de identidad. Esto les permite entender procesos matemáticos por ejemplo es lo mismo 2+3 que 3+2, etc.

**Clasificación**, puede agrupar los objetos según sus diferentes características, color, forma, tamaño, siguiendo patrones definidos e identificables rápidamente.

**Desarrollo Afectivo:** los niños van logrando independencia de sus padres o familia, pero siguen siendo dependientes en algunos aspectos cotidianos. Este desarrollo se produce según orden de importancia: en el hogar, el colegio y el grupo de pares. Es importante recordar que siguen siendo dependientes en muchos otros aspectos. Importante de saber para el tema a ser tratado.

Dos hechos importantes caracterizan el desarrollo afectivo del escolar. El primero, la desaparición del egocentrismo, propio del preescolar. Ahora ya para nuestro grupo de interés, el escolar es capaz de pertenecer a grupos de diferentes características, de compartir y lo más importante saber colocarse en el lugar de las otras personas. Trabaja cooperativamente junto a los demás y puede entender las cosas que les suceden a los otros, entendiendo sus puntos de vista.

Otro de los hechos importantes es la aparición de los sentimientos superiores. Dentro de ellos, aparecen aquellos como la solidaridad, la bondad, el cooperativismo, la lealtad, la religiosidad, entre muchos otros que le dan al escolar su característica propia. A pesar de esto, los niños pueden llegar a ser poco sensibles con los defectos de los demás y poder herir al otro sin una mayor intencionalidad.

Los escolares en general, suelen ser personas extrovertidas, positivas, y adaptadas a diversas situaciones. El escolar desarrolla algunas capacidades como: confianza en sí mismo, independencia, habilidades sociales, aceptación y autoestima. También buscan tener la siempre la razón.

**Desarrollo psicosocial:** según Erick Erickson, es la etapa escolar marcada en el área social por un cambio importante. En este período existe un gran aumento de las relaciones interpersonales del niño; los grupos de amistad se caracterizan por ser del mismo sexo. Esta tarea es importante de lograr para que el niño adquiera seguridad y confianza en sus capacidades creativas.

Los grupos en esta etapa se caracterizan por ser heterogéneos en relación a la edad, se reúnen por afinidad, y separados por sexos. Tienen normas claras e inquebrantables y generalmente están conformados fuera de la familia. Entonces, son muy importantes ya que en ellos se desarrollan rituales, se ejercitan normas y adquieren el sentido de pertenencia.

El juego, en esta etapa, es un ritual importante en el desarrollo de roles; el escolar juega con normas claras y establecidas por el grupo. Esto constituye un elemento importante para la tipificación sexual, por ejemplo, la niña desarrolla su rol de mujer, jugando a las muñecas, a la peluquería, a la modista, etc. Y el varón juega a la pelota, a los policías y ladrones, etc.

Los escolares a través de la imitación de modelos como padres, profesores y personas significativas van formando esquemas que le darán las bases para el comportamiento futuro.

**Desarrollo moral:** la aparición del juicio moral está relacionado con el desarrollo del pensamiento operacional, los sentimientos superiores y la desaparición del egocentrismo. Según Piaget, los pequeños deciden qué tan inadecuado es un acto por sus consecuencias, por ejemplo, se le debe dar más el castigo a quién rompió 12 tazas por casualidad, que al que rompió 1 taza por sacar una galleta.

Kolberg tomó el trabajo de Piaget y lo desarrolló. Sostiene que el pequeño comprende o juzga si un acto es bueno o malo según la molestia que les cause a sus padres. No hay una edad precisa de juicio moral sino niveles por orden que se presentan de la siguiente forma en la etapa escolar. Puede que el escolar se encuentre en las puertas de la moral convencional o estar aún en el último estadio de la moral pre-convencional.

Tomando en cuenta todos los puntos anteriores, se deduce que el niño o niña está en capacidad de asimilar y aprender los conceptos que el cuento "Los Consejos de DOLLY" transmite. El niño entiende y aplica operaciones lógicas a las experiencias, a condición de que se centren en el momento presente y en el lugar actual. Nunca subestimemos la capacidad de abstracción y concentración de los niños o niñas.

Una vez reconocidas las características físicas, conductuales, psicológicas y emocionales básicas de nuestros niños o niñas, es importante establecer actividades de comprensión sobre el cuento, en el diálogo para que se establezca efectivamente, debemos preguntar al infante lo siguiente:

- *¿Cómo era el hogar de Dolly, cuando nació?*

- *¿Qué piensas de Dolly? ¿Por qué Dolly estaba triste?*

- *¿Cómo eran las relaciones de Dolly con su familia?*

- *¿Cuándo cambio la vida de Dolly, qué pasó en su hogar?*

- *¿Qué pasaba con su mamá, qué le hacía a Dolly?*

- *¿Quién llegó a cambiar más la vida de Dolly?*

- *¿Cómo se gana su confianza de una persona a otra?*

- *¿Le gustaba a Dolly lo que hacía el Tío Paco? ¿Por qué no?*

- *¿Qué le tocaba el Tío Paco a Dolly? ¿Qué hubieses hecho tú en su lugar?*

- *¿Cuál fue la maravillosa oportunidad que se le presentó a Dolly? ¿A dónde iba?*

- *¿Le contó Dolly a su papá lo que pasaba? ¿Qué hizo su papá, cómo la ayudó?*

- *¿Dónde vive Dolly ahora que está feliz?*

### *Repasemos los Consejos de Dolly*

Después de la actividad interactiva, cual fuere que haya decidido usted aplicar, debe dar énfasis a los siete (7) consejos de Dolly, como padre, madre, representantes o cuidadores lo esencial, es establecer suficiente confianza como para que su niño o niña pueda contar de inmediato lo que pudo pasarle o quien tuvo un intento de acercamiento lo suficientemente sospechoso o peligroso para él, es importante que al revisar los 7 consejos de Dolly, quede claro lo que se puede aceptar o no de un extraño o un familiar y cuáles son las conductas que no deben permitirse nunca.

Toda la información manejada con nuestros niños o niñas en esta edad será procesada de forma transparente, clara, precisa y sobre todo a su nivel de entendimiento y vocabulario, en esta etapa del desarrollo su capacidad de comprensión y análisis comienza a ser profunda por lo que será bien recibida y asimilada. NO delegue a otros esta enseñanza, surtirá mejor efecto si un niño la recibe de sus principales sujetos de amor y confianza como son los Padres o Representantes.

Repasemos los 7 Consejos de Dolly, uno a uno con sus propios ejemplos y tomando las propias palabras de su niño; permítale que ellos desarrollen cada ejemplo, haga un juego de ellos a fin de que pueda usted tener la certeza de que su enseñanza y aprendizaje quedó fijado en su pensamiento.

**1:** Aprende a que tu cuerpo sea respetado, nadie debe tocarlo sin tu permiso.

**2:** Aprende a distinguir el cariño bueno del cariño malo

**3:** Nunca aceptes tener secretos con personas que te brindan confianza y afecto

**4:** Mejora la comunicación y responsabilidades de nuestros padres

**5:** Aprende a comunicarte con tus padres, mayores o persona de confianza para ti.

**6:** Nunca aceptes una invitación de una persona a quien no le tengas confianza.

**7:** Sigue aprendiendo y que nadie detenga tu vida sana.

Para finalizar selle o convenga con su niño o niña un acuerdo de protección y confianza mutua en consonancia con el relato del cuento y a través de los consejos de esta guía complementaria. Por ello, además de los aspectos normales en esta etapa infantil anticipándonos a la pre-adolescencia, existen otros tópicos importantes a ser tomados en cuenta, ya mencionados en el capítulo Nº 2 del presente libro, si llegaran a presentarse, mantenga siempre la calma y la prudencia.

Pueden aparecer conductas exhibicionistas, por parte de algunos de sus compañeros, en razón de la imitación de la conducta familiar o social, de marcado carácter sexual; asimismo se inicia su integración a los modos grupales donde los códigos y normas empiezan a formar parte de ello, por tanto iniciarán actividades de juegos de roles, aun cuando en esta etapa los grupos están definido por el sexo, (niños con niños, niñas con niñas) no podemos perder de vista la integración y autoexploración a los que son sujetos, las cuales en definitiva podrían determinar un aceptable y bien desarrollado **sistema de hábitos sexuales**, al ser bien encauzadas estas conductas por parte de los padres, representantes o cuidadores, al no castigar o desaprobar de mala manera lo que consideran reprobatorio conductualmente, se debe actuar de manera neutral, sin manifestar asombro o enojo, todo lo contrario de una manera tranquila y calmada, sin alarmas, de forma natural y paciente como parte de la curiosidad por el otro u otra, y el mundo que les rodea, debemos llevar adelante la conversación; recuerde que ellos exploran mucho su forma de relacionarse, que debe estar supervisado como hábito general entre el padre y el niño o la niña.

Sumamos cinco (5) frases célebres que ayudan a la reflexión de los padres, cada una de ellas permite dimensionar la necesidad de dar continuamente la educación necesaria a nuestros niños o niñas, a fin de salvaguardar su integridad en el bienestar personal futuro de las generaciones, quienes serán nuestros relevos.

*"El niño no es propiedad de la familia. Esta no puede hacer con él lo que quiera.*

*El niño es un ser humano: pertenece a la sociedad y representa su futuro".* Anónimo

*"La educación es la vacuna contra la violencia."* — Edward James Olmos.

*"Ante las atrocidades tenemos que tomar partido. El silencio estimula al verdugo."* Elie Wiesel.

*"Sé valiente... cuéntalo."* Julia P.M.

## Capítulo 5:

## Cuento "La Carta de Laura" para preadolescentes y adolescentes

Una joven adolescente nos cuenta cómo fue abusada a sus 13 años.

La carta de Laura es para las niñas adolescentes y varones también, un relato increíble y crudo de alerta ante el abuso sexual en jóvenes y de valentía ante el mundo y la familia de ella. Laura es valiente al escribir la carta y publicarla, con el fin de compartir sus errores al dejarse llevar por sensaciones hormonales en su pubertad cuando era abusada sexualmente, lo cual tenía un alto riesgo y no lo sabía para ese entonces. Pagándolo bien caro en la etapa de adultez.

*Apreciados amigos & amigas.*

*Desconocidos para mí pero a tiempo de darles mi alerta...*

*Soy Laura, una mujer ya adulta, a quien la vida le dio una gran lección en mi matrimonio de joven. Me dejé llevar en mis años mozos...*

*Les cuento que mi infancia trascurrió de una manera muy sencilla, sana, con amor, cuidada por mis padres, educada, alegre y muy protegida. Hago énfasis en esta última característica de mis padres, pues influyó de manera determinante en lo que experimenté durante mi juventud.*

*Fui respetada por mi familia en todo momento, con mis abuelas tenía confianza en muchas cosas, las admiraba a ambas, porque sus enseñanzas aunque diferentes eran similares en esencia, sus valores personales eran mis creencias y mis conductas; sus opiniones sabias eran mis convicciones, y sus logros eran mis futuras victorias de vida. Cuando me reunía con cada una de ellas me sentía plena y triunfadora, soñaba con ser ambas, al mismo tiempo en una sola vida... ¡la mía propia!*

*Les cuento todo esto para que sepan que fui feliz y sana durante toda mi infancia. Se preguntarán: ¿qué fue lo que me pasó?*

*La sobreprotección de mis padres me llevó a buscar oxígeno donde no debía buscarlo y menos encontrarlo. No tenía por ello una vida social rica, la cual añoraba como toda chica en pleno desarrollo hormonal.*

*Durante ese pleno desarrollo, en mi pre-adolescencia me hice una bonita chica de 13 años de edad, buena estudiante y muy soñadora, influenciada por mis permanentes lecturas de libros, cada libro era* un bálsamo a la imaginación y comencé a construir castillos en el aire.

Las hormonas femeninas comenzaron a jugar con mi cuerpo, más los cambios físicos de manera significativa resaltando aspectos como mi crecimiento del busto hasta asemejarse al de la mujer adulta, me apareció el vello en las axilas y área púbica, logré mayor altura y mi primera regla. Me sentía demasiada mujer con tantos cambios, sin mencionar las hormonas. Las hormonas femeninas juegan un papel importante en el ciclo de vida, te avivan los deseos de tener pareja, recuerdo que me gustaban varios chicos del colegio.

Yo sabía que estas alteraciones del deseo por un joven era una etapa de la pubertad que por lo regular tomaría como 2 años y luego podría alcanzar cierta estabilidad emocional.

Otro cambio que padecía era en relación al sexo. Afloraron nuevos sentimientos que me provocaban confusión y percibía estímulos sexuales que nunca había experimentado. Con toda seguridad, surgieron muchas preguntas porque no me fue fácil hablar de sexo con mis padres.

Hoy en día, más adolescentes hablan con sus padres sobre el tema, pero muchos otros no se sienten cómodos. Ya sea con el médico familiar, el maestro que más confianza ofrezca o un consejero escolar, lo importante es tener la información correcta y saberla canalizar bien, sin riesgo al futuro.

Aunado a esto, ante la negativa de mis padres de dejarme salir a reuniones o pequeñas fiestas, mi cara trasmitía mis inconformismos puberales todo el tiempo.

Bastó que un tío, quien frecuentaba la casa, pusiera su mirada en mi rostro inconforme para ir acercándose poco a poco con buen tino. La rebeldía que tenía en esos momentos para con mis padres me impulsó a fijar mi vista en su cara sonriente y afable.

Sus palabras alentadoras y hermosas ante mis comentarios de rebeldía y protestas de juventud, nutrían sus ansias de volar encima de mi cuerpo en desarrollo, cuestión de la que no me daba cuenta que estaba pasando en mis narices.

Comenzando un proceso de idealización en mí, por la cabeza llena de fantasías y sueños.

Se hizo costumbre sus visitas a casa y sus regalos también, una magia rara cubría los momentos; mis padres ciegos y confiados restaban importancia a los hechos, porque al fin y al cabo yo me la pasaba bien. Entre risas, chistes, caricias sutiles y a veces más atrevidas. Claro, sin ser vistos por ningún miembro de mi familia, pasaba la visita...

Hasta que una vez durante un paseo de verano a la casa de la playa, a medianoche incursionó en mi habitación y pidió silencio. Un momento tenso para mí, sorprendida por tal atrevimiento. Sus palabras bonitas calmaron mi *angustia y sus manos comenzaron las caricias por mi cuerpo. Cada caricia fue una sensación nueva y una sensación muy atrevida. Solo eso, pidiendo luego guardar el secreto solo entre nosotros, todo se fue dando poco a poco.*

*No podía imaginar lo que vendría después y menos el riesgo que yo asumía.*

*Cada noche al escabullirse en mi habitación, mi corazón saltaba y esperaba la mano que generaba en mí, sensaciones intensas. Mi curiosidad aumentaba sin límite y sin tomar en cuenta ningún riesgo visible.*

*Poco a poco mi tío fue dominándome sin piedad, del enamoramiento pasó al poder dominante de mi cuerpo y por último al abuso total. Me faltaba valor para gritar y denunciarlo. Cuando se llegó a ese punto, debí haber confiado y buscado a mis padres o a mis abuelas, ambas incondicionales con su nieta.*

*Me falto valor, fui poseída por el miedo, y mi vida cambió radicalmente...*

*La pesadumbre y mi actitud taciturna fue invadiendo mi forma de ser, ya no me quería como antes, ni risas, ni alegrías. Solo mis amigas del colegio notaban mi cambio, preguntaban y no respondía. Mi refugio fueron los libros, aun mas, dentro de todo no busqué escapar hacia las drogas ni hacia el sexo desenfrenado.*

El mayor malestar conmigo misma radicaba en que fui abusada y yo lo acepté, haciendo de la curiosidad de sensaciones en mi cuerpo las que permitían esos desatinos. Fui ciega.

Yo notaba cada día como me retraía de la gente, mi sentimiento de culpabilidad era muy profundo. Yo, la culpable de mi error... era increíble. Dejé de visitar a mis abuelas, quienes de vez en cuando preguntaban por mí sin levantar sospecha alguna. Dejé de asistir a los pocos eventos sociales que me permitían. Definitivamente me volví asocial. Mis libros formaban mi disfraz.

Dentro de mi ruina moral y baja estima por mí, mantuve siempre mi identidad heterosexual, no presenté conductas exhibicionistas ni nada parecido. Todo lo contrario, desarrollé una gran compulsividad por masturbarme, lo que fue la calamidad en mi matrimonio. Mi cuerpo no respondía a las caricias de mi esposo por más esfuerzo que ambos desarrolláramos, llevándonos al camino de la amargura.

Increíble que solo después de mi fracaso en el matrimonio busqué ayuda profesional, presentaba al momento de mi divorcio los siguientes síntomas: miedo generalizado, hostilidad, agresividad, culpa, vergüenza, depresión, ansiedad, baja autoestima y sentimientos de estigmatización. También rechazo del propio cuerpo, desconfianza y rencor hacia los adultos.

Mi Dios -le pregunté- ¿dónde me encontraba yo?

De mano del profesional y con voluntad férrea de salir del hoyo en el cual estaba, salí a flote. Recuperé mi cordura y mi vida plena. Dejé de sentirme culpable e identificar correctamente al abusador y su *conducta macabra de enamoramiento, dominio y abuso.*

*Hoy comprendo que el abusador hace su parte, escoge muy bien a su víctima, pero la víctima guarda aspectos de los hechos según sus creencias y fantasías de su historia personal. Esas fantasías o castillos en el aire pasaron a ser mi más terrible amenaza en la adultez. Soñé, fantaseé y me caí... ¡pero me levanté con vigor!*

*Me volví a enamorar, me casé y disfruto de una hermosa hija de 10 años, a quien hablo ampliamente de las cosas de la vida, hablo de mi pasado con palabras adecuadas a su edad y le enseño cómo debe respetar su cuerpo y hacerlo respetar.*

*Por ella, mi hija, escribo esta carta de alerta para cualquier persona que desee salvar a nuestros niños y niñas, inclusive salvarse a sí misma, más si eres adolescente.*

*Laura*

**Capítulo 6:**

## Guía complementaria después de la lectura de "La Carta de Laura"

Respetados padres y/o representantes de pre y adolescentes

La comunicación efectiva y la escucha activa son herramientas poderosas para intervenir, prevenir o solucionar problemas dentro del núcleo familiar, más cuando nuestros hijos e hijas están en esta etapa evolutiva de la vida llamada adolescencia, si la logramos unir con el proceso de enseñanza – aprendizaje que hemos perfilado ante el abuso sexual infantil, avanzaremos en atinar con mayor prevención el objetivo. Orientemos oportunamente a nuestros jóvenes para el desarrollo integral de una sana sexualidad.

La sexualidad humana es una parte importante de la persona. En ella se reflejan y representan muchos de los aspectos que nos hacen ser específicamente humanos. La capacidad de amar, de cuidar, así como la de gozo, están vinculadas íntimamente con la sexualidad. Muchas veces son bien complejos y difíciles temas para ser conversados.

Demasiado delicado y frágil es conversar con nuestros adolescentes si no tenemos la costumbre de hacerlo con frecuencia, estas simples líneas le darán la pauta para iniciar un camino útil y necesario donde usted como padre o madre deberá transitar en su rol de educar para el desarrollo sano de la sexualidad en sus hijos e hijas. Revisemos algunos puntos importantes que conviene repasar, lo saludable es educable.

En el año de 2002, la Organización Mundial de la Salud y su comité de expertos expresó la siguiente definición de sexualidad: "La sexualidad es un aspecto central del ser humano presente a lo largo de toda la vida; incluye el sexo, las identidades y papeles sexuales, la orientación sexual, el erotismo, el placer, la intimidad y la reproducción. La sexualidad se vive y se expresa en pensamientos, fantasías, deseos, creencias, actitudes, valores, comportamientos, prácticas, papeles y relaciones. Si bien la sexualidad puede incluir todas estas dimensiones, no todas ellas se viven o se expresan siempre. La sexualidad se ve influida por la interacción de factores biológicos, psicológicos, sociales, económicos, políticos, culturales, éticos, legales, históricos, religiosos y espirituales", reformulada en el año de 20016.

La sexualidad constituye un punto álgido y trascendental de la conducta humana en general y de la conducta violenta en particular, como lo es en el caso del abuso sexual. La conexión entre la sexualidad y la violencia queda mucho más clara cuando si se identifican los componentes de la sexualidad y su participación previniendo o facilitando la conducta violenta en todas sus formas. Solo nos manejaremos en la prevención del abuso sexual infantil o menor de edad, específicamente en este capítulo a los hijos o hijas adolescentes. Tratemos el tema con respeto, seriedad y brindemos confianza a nuestros adolescentes cuando se proponga la oportunidad de dialogar sobre el tema que hoy nos une a usted.

Bien sabemos que la adolescencia es un período de la vida que transcurre entre la infancia y la edad adulta, una de las etapas más difíciles realmente de nuestro desarrollo evolutivo. Dentro de los parámetros evolutivos se caracteriza fundamentalmente este período por los profundos cambios físicos, psicológicos, sexuales y sociales que tienen lugar durante esos años. No se puede precisar y establecer la franja exacta de edad en la que ocurre la adolescencia, nos atenemos a la Organización Mundial de la Salud considera que esta etapa va desde los 10 a los 19 años. Pre-adolescencia y adolescencia propiamente dichas.

Todos estos cambios, fisiológicos, físicos, psicológicos, sexuales y sociales que viven los adolescentes hacen que en muchos casos sea un período difícil tanto para ellos como para sus familiares, etapa de confrontación y rebeldía ante las normas y reglas de la familia, escolares y/o sociales. Pero a la vez es una etapa maravillosa y apasionante del despertar del ser humano en su periodo de transición evolutiva. El que antes era un niño o niña ahora está madurando para convertirse en un ser adulto, hombre o mujer. Está descubriendo el mundo del que forma parte. Los que están cerca del adolescente, sobre todo sus padres, vivirán todos esos cambios con cierta inquietud pero deben saber que ellos pueden hacer mucho para que todo vaya bien.

Todo es nuevo para ellos. El descubrimiento de nuevas y más intensas sensaciones corporales se traduce también en el incremento del autoerotismo (masturbación) en la adolescencia temprana. "El erotismo se encuentra asociado al desarrollo emocional de las estructuras mentales que conforman la identidad". No se ha demostrado que el autoerotismo sea perjudicial en el ámbito físico o psicológico, ayuda a los adolescentes a integrar su autoimagen, apreciar y valorar su cuerpo, y conocer sus sensaciones, además de que esta conducta forma parte del sexo seguro, en los momentos actuales. Puntos a considerar en el dialogo de ser necesario, téngalo presente porque puede formar parte del silencio y aceptación del abuso por parte del adolescente, pasa a ser fantasía erótica de la intimidad de la persona, es riesgoso. Se hace necesaria una adecuada orientación sexual para evitar traumas futuros.

La transición sana de esta etapa por parte del adolescente estará influida por la crianza, por los mensajes trasmitidos y modelados por los padres, sus creencias, equivalencias, significaciones y demás asociaciones de sentido que llevan al hijo o hija en desarrollo a interpretar sus vivencias sexuales inicialmente no integradas, tales como la pertenencia a un sexo, la vinculación interpersonal, la vivencia del placer y la reproducción, en un determinado sentido que usualmente refleja el sentir del grupo social en que está inserto el individuo. Muy complejo el tema y este libro solo pretende guiarlos en una forma sencilla y útil para el inicio de diálogos efectivos entre las partes.

Ustedes los padres deben estar alertas y preparados para que este periodo transcurra con la mayor normalidad posible y no deje secuelas o heridas profundas, que repercutirán a la larga para ambas partes.

Los cambios emocionales provocan en muchos de nuestros adolescentes un cambio en la forma de demostrar el afecto, es común esta conducta, se les dificulta al extremo, ellos mismos entran en conflicto y se niegan a demostrar afecto. Muchos de ellos rechazan los besos y los abrazos paternales, protestan ante las palabras dulces o sus sobrenombres usuales. Ustedes los padres deben saber que no es su amor lo que están rechazando sino la forma en la que este se ha demostrado hasta ahora, por tanto debe haber un cambio en el trato, más acorde con esta etapa crucial. Es muy importante entender que los adolescentes siguen necesitando todo nuestro cariño y comprensión, como lo requerían de niños, es obligatorio dárselos y no resentirnos ante el posible rechazo.

Unos pocos pero sustantivos consejos en beneficio de la estabilidad emocional de todos los miembros de la familia, sirva también el cuento **"La Carta de Laura"** como apertura a una nutrida conversación con sus pre-adolescentes y adolescentes propiamente dichos, e identificados con algunos aspectos de la protagonista, Laura.

**Sean unas guías firmes sin autoritarismo.** Los adolescentes necesitan en esta época de su vida, quizás más que nunca, que sus padres estén pendientes de ellos, que les impongan normas justas para que su vida se desarrolle plena y saludablemente. Pero también necesitan ir ganando cierta independencia y responsabilidad, acá la debilidad de muchos de nosotros los padres. Ustedes deben alejarse de los extremos autoritarios aunque eso no quiera decir que dejen a sus hijos incumplir las reglas acordadas de tiempos atrás. Dialogar ante la responsabilidad asignada, no con dominio sino asertividad en lo tratado.

**Decidan siempre hablar con ellos, con comunicación efectiva y escucha activa.** Es la única vía objetiva que existe, para mantener la comunicación fluida con los adolescentes. Ustedes los padres de los adolescentes, hablen con ellos de todo lo que les ocurre, de sus problemas, de sus miedos, de su sexualidad o de sus preocupaciones, de su género, de sus preferencias, consigan que sus hijos sean más felices y se adapten mejor a los cambios y sobre todo hable del abuso sexual en preadolescentes o adolescentes. Se hace obligatorio por las secuelas que puedan ocasionar, no olvidemos la curiosidad del despertar sexual en esta crucial etapa de la vida, aunado al descontrol hormonal que se les presenta, hormonas que agudizan el problema. Investiguen sobre lo que a ellos les interesan, deportes, preferencias, música, películas, tipos de amistades, temas afines al perfil de su hijo e hija.

Ustedes padres o representantes de pre-adolescentes y adolescentes, disponen ahora de una herramienta útil muy sencilla para abrir esa fina rendija de acercamiento a la alerta preventiva sobre el abuso sexual en menores, por personas cercanas, familiares o desconocidos. Por ello son tan significativo los dos consejos anteriores.

El relato tiene elementos psicológicos y aspectos familiares que bien le sirven para dialogar a profundidad con su hijo o hija en estos sutiles y dañinos tópicos. Déjese guiar para analizar en conjunto, los siguientes aspectos:

**Lea el cuento en el grupo familiar,** o como usted lo considere más apropiado, en grupo o en privado, después comience la disertación sobre cada uno de los aspectos de la lectura, preguntando y preguntando para analizar las respuestas de su hijo o hija. Olvídese del tiempo y propicie un ameno y productivo diálogo.

**Preguntas posibles para iniciar el diálogo:**

¿Después de leer el cuento, que es lo más impactante? ¿Qué piensan de Laura?
¿Qué le gustaría contarle o decirle a Laura?
¿Creen que lo que pasó se podría prevenir?
¿Cómo lo harían?
¿Qué creen que es lo más difícil para prevenir el abuso?

¿Cómo sabemos si alguien está abusando de otro? ¿Cómo podemos intervenir?

¿Cuáles crees que pueden ser las consecuencias de abuso? ¿Cuáles oportunidades tiene una persona abusada para salir adelante?

**Analicen entre ambos los aspectos familiares presentes en el cuento:**

Ambiente hogareño

Responsabilidades de cada miembro y cumplimiento. Dé el espacio propio para que su adolescente se exprese.

Permisos para asistir a reuniones y otorgamientos

Tipo de conversaciones frecuentes. Pídale opinión sobre asuntos relacionados con la familia. Tenga presente los asuntos relatados en la carta.

La familia tiene el poder de producir más recursos para lograr cambios en los adolescentes, en ella aprenden valores, principios, normas y costumbres que le afectarán por toda la vida; pueden detectarse algunos en La Carta de Laura.

Sistema de valores de la familia: honestidad, superación, responsabilidades, logros y resultados de vida, escolaridad, valores afines a su familia. ¿Cuáles se mencionaron en la carta y cuáles están presentes en su familia? ¿Se practican o son banales? Tipos de visitas que se reciben en la casa, compare La Carta de Laura y su familia.

¿Tiene confianza o no sobre personas conocidas o familiares? Recuerde la conducta del Tío Paco.

**Aspectos de relaciones intrafamiliares:**

Son armoniosas o conflictivas las relaciones en los momentos actuales con su hijo o hija.

En caso de ser conflictivas: ¿cuál es el conflicto frecuente?

No lo oyen, como a Laura. Hay subestimación hacia él o ella. No le prestan atención como se describe en el cuento.

Tiene una ruptura total en la comunicación, en estas circunstancias es una excelente ocasión para "aprender a negociar".

¿Se interpone otra persona fuera del núcleo familiar y cambia siempre las reglas?

¿Cuánto tiempo le dedica Usted a conversar asuntos de interés con su hijo o hija?

¿Establece usted relaciones de confianza y demostraciones afectivas con sus hijos?

Nota: Los primeros desacuerdos suelen surgir cuando los adolescentes comienzan a desarrollar sus propios puntos de vista que con frecuencia no son compartidos por sus padres. Analice bien este punto para beneficio propio.

**Aspectos psicológicos presentes en el cuento:**

Laura se volvió más silenciosa y apartada en su casa, pues sintió que sus familiares no la entienden. ¿Este es su caso?

¿Realmente se demuestra confianza, asertividad, honestidad, se contribuye a la construcción real de la autoestima de su adolescente? ¿O lo contrario, se está destruyendo?

Ha observado aislamiento en su hijo o hija. Recuerde las palabras de Laura, convérselo con su adolescente. Métase en la profundidad que le brinda La Carta de Laura para lograr sanos objetivos.
¿Ha observado cambios de conductas en su hijo? De ser así converse y pregunte. ¿Para qué ha cambiado además de investigar por qué? Ya se ha desarrollado su preadolescente. Cuide su alimentación.

Laura se refugió en sus libros, pudiera ser refugio en los equipos tecnológicos. Esté alerta por favor, actualmente las personas viven un mundo lleno de tecnología: celulares, tablas, laptops, internet, Facebook, etc. Redes sociales que ofrecen mayores peligros y como padres NO nos percatamos de ello.

**Sugerencias para lograr una mejor relación personal con nuestros adolescentes:**

No entrar en conflictos de poder con ellos. Sea asertivo.

No los humille ni regañe delante de sus amigos, no destruya su autoestima en desarrollo. Establezca acuerdos sobre los horarios, chequee previamente las horas de sus actividades.

Use el teléfono móvil solo para establecer comunicación indispensable con su hijo o hija, y no como sistema de control.

Fije límites claros sobre sus derechos y responsabilidades.

Retroalimente su comportamiento enfatizando lo que le gusta de sus actitudes y lo mejorable. Establezca relaciones de confianza siempre.

Conozca sus actividades, pasatiempos, personajes favoritos, programas televisivos y amigos cercanos. Monitoree sus cambios de estado de ánimo y no lo trate como enfermo, todo lo contrario, abra una puerta para que tenga la confianza de contarle sus más profundas preocupaciones.

Verifique sus horarios de sueño, debe dormir aproximadamente entre 7 a 8 horas diarias.

Fomente actividades al aire libre y no dependencia de la tecnología, como la computadora o el celular. Dé a su adolescente espacio propio. Corte el internet en casa a una hora adecuada.

Pídale opinión sobre asuntos relacionados con la familia.

No le apene establecer contacto físico con él, abrazos, cariño, hágale saber cuánto le quiere. Hágale saber cuándo su comportamiento sea indiferente y no se enganche con sus enojos.

Esperamos que estas pautas sean de excelente beneficios para usted y para su hijo o hija adolescente, que las relaciones sean menos conflictivas y con mayor entendimiento. Pongan ambas partes sumo interés en participar para evitar el conflicto entre las generaciones, así se hagan las cosas, tomaran un matiz de equilibrio conveniente para continuar el desarrollo sano de los hijos y contribuir a su madurez y al éxito futuro como jóvenes adultos sanos.

"Por muy larga que sea la TORMENTA, el SOL siempre vuelve a BRILLAR entre las nubes."

**Khalil Gibram**

# Epílogo

Este libro se ha escrito bajo una proeza humana de seis (6) manos, nosotras solo deseábamos abarcar más lectores adultos con la única finalidad de ampliar nuestro radio de protección infantil, cada niño y niña no salvado a tiempo es un lamento filoso en nuestras almas, por ello le damos las gracias a ustedes por haber leído, aprendido y ejecutado una labor extraordinaria. Ya no son seis manos, es la suma de muchísimas manos más involucradas en este proceso de sensibilización y prevención en pro de nuestros chiquitines, hombres y mujeres del futuro que ha de venir.

Como decía una de nosotras en esas interminables reuniones de disertación del tema: "Gracias a mis padres fui protegida y forman mi pasado. Gracias a mis valores estoy protegida y forman mi presente, pero mis niños forman el futuro y es en ellos donde debo sembrar con más cautela... "

Es en este aparte de nuestro libro que copiamos una humana carta a **Ismael Cala**... ustedes después de su lectura, entenderán por qué se la damos a conocer...

*Admirado y respetado Ismael Cala*

Le escribimos la siguiente petición con su libro "El Poder de Escuchar" en nuestras manos, la guía esencial en nuestro camino al éxito. Este libro nos ha dado junto con el Reto a la Meditación de los 21 días del Maestro Deepak Chopra la valentía de poner nuestros deseos en palabras escritas dirigidas a usted.

Escúchenos por favor, anote en su libreta de notas, escritas por usted. Somos un equipo de 3 mujeres profesionales venezolanas, quienes hemos investigado y actuado siempre sobre el abuso sexual infantil, nos estamos dirigiendo a un target más amplio del que nuestras fuerzas físicas pueden cubrir, por ello estamos terminando de escribir un interesante libro titulado "Mis cuentos para padres", un libro que llega a un sector más amplio de adultos y así sembrar más semillas de prevención para salvar a posibles víctimas de bellos niños y niñas, las estadísticas son alarmantes en nuestros países latinos y otros países también, un niño de cada cinco niños es abusado y traumado.

Leemos también en su mismo libro, que el poder de las asociaciones es muy fuerte en nuestras mentes, nosotras agregamos que también en nuestros corazones, nuestros deseos se están escribiendo con experiencia y arte, el impulso del universo nos empuja a buscar su ayuda en tejer una asociación útil para salvar a más y más niños, no nos queremos aprovechar de su imagen y trayectoria, solo que ello nos impulsaría a llegar al target latino deseado y alertar, educando, a más padres salvando a sus hijos.

*Concretando nuestra petición es tener el prólogo del libro escrito por usted con un mensaje contundente a los padres ciegos y sordos sobre este mal que acecha a la humanidad, nadie ha podido abrir esos ojos y el delito sigue cometiéndose robando a nuestros infantes su inocencia, sus derechos y su calidad de vida, por abusadores imperdonables, hasta silenciados por la autoridades.*

*Anexamos a esta petición, la posible carátula del libro, el índice y la introducción; de ser necesario para Ud. tener el libro completo para su decisión, cuente usted con ello, en menos de 2 semanas podríamos estar enviándoselo. Ayudemos a salvar a más niños y niñas... la humanidad le estará agradecida.*

*Rogamos a Dios y al universo que se manifieste en este sentido, quedamos de usted con inmensa gratitud".*

**Ingrid Moretti**
**Karel Colina**
**María Fernanda Villa**

Al correr del tiempo, sin respuesta alguna, con el tiempo a nuestras espaldas, dirigimos otra vez nuestros esfuerzos a Ismael Cala. Necesitábamos un impulsor quien nos acortara el tiempo en la humana misión de salvar a nuestros niños y niñas. Tiempo, esa inclemente unidad de medida que muchas veces nos desespera.

**Amigo Calita, como le decían cuando niño....**

*Volvemos a enviarte estas palabras escritas, no podemos llegar a ti por otro medio.... También tenemos un sueño de continuar salvando a nuestros niños y niñas de abusadores sexuales...*

*"Cada gran sueño comienza con un soñador. Siempre recuerda, tienes en tu interior la fuerza, la paciencia y la pasión para alcanzar las estrellas para cambiar el mundo". — Harriet Tubman*

*Por favor Ismael Cala ayúdanos con unas palabras escritas, ya que el tiempo apremia y no podemos dejarlo pasar más. Meditamos, soñamos, alcanzamos objetivos, oramos, continuamos día a día con las rutas trazadas y objetivos de prevención, pero nuestras fuerzas físicas se agotan y soñamos con alcanzar una población mayor de adultos instruidos para vigilar y proteger a sus niños. Este libro es muy importante dentro de nuestra visión y misión para la humanidad. Por ello y con todo respeto le pedimos escriba el prólogo de "Mis cuentos para Padres" y esas palabras suyas serán el impulsor que en nuestros corazones deseamos... Salvar más niños y niñas.*

*Como dice el Maestro Chopra en la meditación del día 21. Esperamos que al pasar tiempo en silencio cada día hayas vuelto a despertar a la maravilla de estar vivo, la gratitud por todo el mundo y con todos los que compartes esta vida, al igual que la comprensión de que una vida vivida con pasión y abundancia es tu derecho de nacimiento y el de todo niño y niña. NAMASTÉ...*

*Permítenos dar más sonrisas a los demás sana y libremente. Sé el rizado de la positividad y la luz que va a cambiar el mundo...*

*CON TODA LA ESPERANZA Y EL AMOR DEL MUNDO, QUEDAMOS DE SU RESPUESTA...*

*Ingrid Moretti*
*Karel Colina*
*María Fernanda Villa*

Y llegó la anhelada respuesta humana de ese cubano en primer lugar y periodista tan respetado como admirado, su sensibilidad se hizo sentir y entonces nos vino la luz que nos animó a continuar con nuestra labor de escribir para ustedes los padres o representantes de nuestros infantes y adolescentes, es nuestra misión, es nuestro sueño de prevenir y anticiparnos al delito del abuso. En la vida ni se gana, ni se pierde, ni se triunfa, solo se aprende, se crece, se escribe y se vuelve a reescribir, si es necesario borrar y volver a escribir sobre lo soñado solo se vuelve a realizar el texto. Así como nuestras abuelas hilaban, deshilaban y volvían a hilar... La abuela de Ismael lo llamaba "Calita", bendecido sea para continuar con sus éxitos.

Acá vamos con paso seguro y pies en la tierra, con nuestro cansancio y nuestras alegrías cada instante del avance del libro, descansamos, escribimos y volvemos a escribir, atendíamos casos, dictábamos nuestros talleres ALERTA en forma vivencial o la modalidad online, presentamos a continuación algunos párrafos de sumo interés para ustedes.

¿Qué es abuso sexual infantil?

El maltrato infantil se define como acción, omisión o trato negligente, no accidental, que priva al niño de sus derechos y su bienestar, que amenaza y/o interfiere su ordenado desarrollo físico, psíquico o social y cuyos autores pueden ser personas, instituciones o la propia sociedad.

El maltrato no es un hecho aislado, sino que es un proceso que viene determinado por la interacción de múltiples factores. En muchos casos esa interacción dará lugar a uno o más tipos de maltrato, por lo que no podemos considerar el abuso sexual infantil como un fenómeno ajeno al resto de tipologías.

Abuso sexual. Cualquier forma de contacto físico con o sin acceso carnal, con contacto y sin contacto físico realizado sin violencia o intimidación y sin consentimiento. Puede incluir: penetración vaginal, oral y anal, penetración digital, caricias o proposiciones verbales explícitas, incluyendo la exposición del menor a ser visto por otros o permitirle ver a otros manteniendo relaciones sexuales como una forma de placer para el abusador.

Agresión sexual: Cualquier forma de contacto físico con o sin acceso carnal con violencia o intimidación y sin consentimiento.

Exhibicionismo: Es una categoría de abuso sexual sin contacto físico.

Explotación sexual infantil: Una categoría de abuso sexual infantil en la que el abusador persigue un beneficio económico y que engloba la prostitución y la pornografía infantil. Se suele equiparar la explotación sexual con el comercio sexual infantil.

Dentro de explotación sexual infantil, existen diferentes modalidades a tener en cuenta, puesto que presentan distintas características e incidencia:

Tráfico sexual infantil.

Turismo sexual infantil.

Prostitución infantil o Pornografía infantil.

Hoy por hoy se estima que el 23% de las niñas y un 15% de los niños del mundo sufren abusos sexuales antes de los 17 años. Los abusos sexuales a menores son, por lo tanto, más frecuentes de lo que generalmente se piensa, aunque es necesario precisar que en estos porcentajes se incluyen desde conductas sexuales sin contacto físico (por ejemplo, el exhibicionismo) hasta conductas más íntimas como la relación anal o vaginal. Así, uno de cada cuatro casos de abusos sexuales infantiles se trata de conductas muy íntimas y exigentes, como la penetración vaginal o anal, el sexo oral y la masturbación.

La violencia, la explotación y los abusos se producen en los hogares, las familias, las escuelas, los sistemas de atención y de justicia, los lugares de trabajo y las comunidades en todos los contextos, incluyendo los que se derivan de los conflictos y los desastres naturales (niños reclutados por los mercenarios para que participen en las guerras, sufriendo un gran maltrato psicológico donde incluyen igualmente el abuso sexual infantil, por ejemplo). Muchos niños están expuestos a diversas formas de violencia, explotación y abuso, incluido el abuso y la explotación sexuales, la violencia armada, la trata, el trabajo infantil, la violencia de género, el acoso (véase UNICEF, 2010), el acoso cibernético, la violencia de las pandillas, la mutilación/ablación genital femenina, el matrimonio infantil, la disciplina infantil física y emocional y otras prácticas nocivas.

**Consecuencias del abuso sexual infantil**

Entre las consecuencias a corto plazo, conviene recalcar un fenómeno importante: el Síndrome de acomodación al abuso sexual infantil, que tiene muchos paralelismos con el Síndrome de Estocolmo y que incluye cinco fases:

**Impotencia:** Los niños víctimas de abuso sexual generan un fenómeno de indefensión aprendida, puesto que sus intentos por evitar el abuso resultan vanos. Poco a poco dejarán de intentarlo siquiera.

**Mantenimiento del secreto:** La manipulación y la amenaza a la que son sometidos les obliga a mantener, sobre todo, en los casos de abuso intrafamiliar una doble vida para mantener el secreto y evitar la revelación.

**Entrampamiento y acomodación:** Si el abuso se prolonga en el tiempo, el niño poco a poco irá asumiendo el papel de pareja del agresor.

**Revelación espontánea o forzada:** Cuando se llega a la revelación, suele ocurrir con un igual, pudiéndose producirse bien de manera espontánea o bien forzada por un adulto al valorar los indicios.

**Retracción:** Si no hay una intervención efectiva, incluso habiéndola, la retracción es frecuente, por culpa, vergüenza o miedo.

Posteriormente, las consecuencias asociadas al abuso sexual tienen que ver igualmente con el Síndrome de Estrés Postraumático. Es importante recordar que algunos niños pueden vivir un abuso sexual y permanecer asintomáticos, es decir, no mostrar signo alguno de trauma. El motivo puede ser desde la propia vivencia del niño (que según su edad y la ejecución del abuso, puede no percibirlo como una agresión) a un fenómeno de bloqueo pasajero. Por eso, es fundamental hacer seguimiento y tratamiento a los niños víctimas de abuso sexual, presenten o no una sintomatología.

## Derechos de nuestros Niños y Niñas

### Derecho a la vida:

A la vida, la sobrevivencia y el desarrollo.
A gozar de buena salud física y psicológica.
A que quienes les rodean también tengan acceso a la salud.
A vivir en un medio ambiente sano.
A que existan áreas verdes, de esparcimiento y recreación.

### Derecho a ser niño o niña:

A ser valorados como niño o niña.
A reír, amar y jugar.
Al esparcimiento y a la recreación.
A pensar como niño o niña y ser escuchado o escuchada.
A tener amigos.
A tener héroes, sueños y fantasías.
A que su visión del mundo pueda manifestarse.

**Derecho a crecer en familia:**

A ser querido, recibir y demostrar afecto.

A ser aceptado por lo que es. A no ser separado de sus padres.

A mantener contacto permanente con sus padres y con los miembros de su familia cuando deba estar separado de ellos.

A que ambos padres asuman la responsabilidad de su crianza.

A que sus padres cuenten con medios para proveer su desarrollo.

A participar dentro de su familia y ser tomado en consideración.

A formar su identidad individual, social y cultural.


**Derecho a participar y ser respetado:**

A un trato digno y considerado.
A opinar y ser escuchados.
A poder equivocarse.
A participar en la vida social y cultural del país.
A dar su opinión en lo que le concierne.
Y a que esta sea tomada en cuenta.
A la libertad de pensamiento, conciencia y religión.
A la intimidad.
A tener acceso a la información.
A que se respete su origen étnico y cultural.
A que respeten sus derechos en los procedimientos judiciales.

A atención especial cuando se trate de niños discapacitados.

### Derecho a la formación y a la educación:

A recibir las herramientas para enfrentar su futuro.
A ser apoyados en todas las fases de su formación.
A la educación preescolar.
A una educación básica gratuita.
A que el sistema escolar lo acoja a pesar de sus diferencias.
A que el sistema escolar comprenda y satisfaga sus necesidades.

### Derecho a la protección:

A estar protegido de los malos tratos violencia o abuso.
A estar protegido de la explotación económica.
A estar protegido de la explotación sexual.
A estar protegido de drogas y estupefacientes.
A estar protegido del tráfico de niños.
A ser tratado en forma digna (prohibición de tratos crueles).

Este epílogo del libro **"Mis Cuentos para Padres"** no puede terminarse de escribir y menos de cerrar las páginas sin que vengan a nivel profesional las consideraciones de algunos expertos en el tema, claves que sustentan los planteamientos y mensajes específicos en los cuentos para cada segmento de la población infantil que deseamos cubrir y amparar.

La labor de amparo, abrigo, de preservar o proteger a nuestros niños y niñas, ha sido, es y seguirá siendo nuestra misión de vida, no nos hemos amilanado ni un segundo ante las piedritas del camino, todo lo contrario hemos transitado un largo trecho, seguiremos viajando y recorriendo rincones en el mundo para seguir ondeando nuestra bandera de prevención.

## Aportes de expertos

**Verónica Núñez. Venezolana y Directora de escuela Primaria, en Maracay, edo. Aragua – Venezuela. Nos comentó sobre los tres cuentos de ALERTA:**

"Hola Dios los bendiga, los 2 primeros cuentos están muy bien redactados con lenguaje sencillo y claro, adaptados a la edad. Hago una observación en cuanto a La Carta de Laura respecto a... es en cuanto al abuso del tío, no se aclara si hubo penetración y si la hubo pudo haber dejado embarazada si él no se protegió. También se habla de la masturbación y se refiere a que Laura en su primer matrimonio tuvo problemas en la intimidad debido a su compulsividad al masturbarse, pienso que no fue la única causa, fueron los traumas y conflictos internos que vivió; muchas cosas confluyen en este caso. Excelente relato para interactuar con los hijos y el tema".

**Valentina Thomas, madre de una niña de 9 años, Asistente a la presidencia en Compañía de Acabados y Construcción, DC-US. Nos comenta:**

"La seriedad del trabajo profesional en ustedes me da la certeza de que han canalizado bien los textos y el mensaje especifico... me ha dado miedo al pensar en la fragilidad en que pueden estar expuestos nuestros hijos, leer los cuentos ha sido una huella de alerta para mí en relación a la crianza y vigilia de mi hija".

**Mirgitt Crespo. Federal Programs Director | Grants Development, Management and Monitoring. US**

"Cuento: "La Estrellita ALERTA" un hermoso cuento como herramienta para que los padres inicien la educación preventiva sobre el abuso sexual infantil. Todos los elementos que presenta el cuento son adecuados para las edades previstas.

Cuento: "Los Consejos de Dolly". Cuento de mayor contenido y poco más serio. Debe estar respaldado por un diálogo muy minucioso.

Relato "La Carta de Laura". Este cuento es más autónomo, pienso que la guía para los padres tiene que tener recomendaciones precisas para discutir juntos y lograr una comunicación verdadera, excelente oportunidad para ambas partes de interactuar en el tema. Pregunta clave: ¿Después de leer el cuento, que es lo más impactante?"

**Dra. Penélope Márquez, abogada venezolana. Vive en Virginia USA. Mayo 30 del 2016**

"Sobre el cuento "la Estrellita ALERTA" comenta que es enriquecedor para un niño de 4 a 6 años de edad, es simple, coherente y acertado (concreto) para el entendimiento de un niño de corta edad. Se podría trabajar en las imágenes para que así el niño reconozca y recuerde con más facilidad las 5 alertas de la amiga la Estrellita. Interesante para la interpretación de los pensamientos de los niños de esas edades frente a su mundo propio y los desafíos que debe enfrentar día a día ante los diferentes depredadores que tenemos en el mundo actual".

**María Stela Colina Nuñez. Venezolana y Psicopedagoga, en Barinas, edo. Barinas – Venezuela. Nos comentó sobre los tres cuentos de ALERTA:**

"Hola, ya estoy interactuando con ustedes. Espero sea de mucha ayuda mi participación, soy psicopedagoga especialista en retardo mental, actualmente trabajo en escuela especial atendiendo a la población de niños con diversas condiciones: Síndrome de Down, autismo, discapacidad visual y auditiva, entre otras condiciones asociadas. Sugerencias y orientaciones en relación a Los Consejos de Dolly y La Carta de Laura, opino que debemos prestar atención cautelosa a conductas inapropiadas que presenten niños y adolescentes, enfocándonos en el diálogo, la conversación e intercambio de ideas. El maltrato físico no conlleva a fluir el diálogo adecuado; la familia es el pilar fundamental de la sociedad y por ende hay que darle la importancia que merece, ser vigilantes continuamente de las personas que rodean a nuestros hijos en todos los ámbitos... sea familiar, escolar o social. Como reza el dicho caras vemos, corazones no conocemos, fortalecer todos y cada uno de los valores que son inculcados en el hogar y reforzados en la escuela y posteriormente en la sociedad, dichos valores se deben aplicar y poner en práctica desde temprana edad; implementar la educación sexual con terminología adecuada en el seno del hogar primordialmente. En relación a La Carta de Laura, se hace hincapié en la sobreprotección que definitivamente y por experiencia propia no es sana... Nadie aprende por boca de otro, hay que dejar que nuestros hijos experimenten situaciones para que más

103

adelante sepan afrontar las duras pruebas que la vida nos presenta, es importante que de cada lección aprendamos. Debemos escuchar a nuestros padres, ya que solo ellos quieren el bien para sus hijos, mucha comunicación con la familia sobre el tema de sexo y sexualidad. Son 2 temas muy diferentes, brindándoles la confianza que el caso amerite; estos son algunos consejos que mi experiencia como madre y en el ambiente laboral con jóvenes con necesidades especiales puedo compartir..."

**Lic. Gladys Mendoza. Psicopedagoga. Actualemnte trabaja en una escuela primaria en el estado Nueva Esparta. Caracas-Venezuela. Julio 2016**

"**La Estrellita Alerta** es una excelente y agradable estrategia para alertar a los niños pequeños sobre situaciones que los puede poner en peligro y a su vez los ayuda a concientizar de forma más concreta un valor tan necesario como es el respeto; en primer lugar consigo mismos, con sus padres y con el resto del mundo. También nos abre un canal de comunicación sobre temas de los que tal vez ellos piensen "los adultos no hablan" o "es malo hablar de eso". Y a los adultos nos permite conocer mejor a los niños, aprender de sus vivencias y evitar posibles conflictos con su sexualidad y vida en pareja….

**Los Consejos de Dolly**: Este cuento nos habla sobre situaciones reales que si los adultos manejamos de forma inadecuada podemos "sin querer" hacer mucho daño a los niños. Cuando tocamos el tema del divorcio, es de suma importancia que el niño sepa y sienta que aunque no fue lo que le pasó a Dolly, los padres se separan pero, no es por su culpa y nunca se separan de él. Lamentablemente en éste caso la mamá de Dolly, no pudo brindarle el cariño y la comprensión que ella necesitaba. Todo esto la llevó a pensar y dar por hecho que estaba sola y a sufrir callada. Este cuento puede brindarle al niño la seguridad y confianza para comentar, si está pasando por alguna de estas situaciones. El adulto debe estar preparado y formado para escuchar y apoyar a un niño que esté pasando por esto. Todos debemos seguir los consejos de Dolly.

**La Carta de Laura:** Laura a través de su carta nos enseña a luchar contra esta realidad cada día mayor. Es una excelente y real forma de tratar el tema con pre-adolescentes y adolescentes. Con su experiencia Laura llega a todos, contando de una manera sencilla su día a día. Considero que es una fácil y motivante manera de crear empatía con los adolescentes y abre un espacio para comentar lo leído y algo más....

**En fecha 26 de mayo del 2016 en el FORO PARA COACHING HISPANO participamos on line ante una audiencia internacional y nosotras como Foristas: María Fernanda Villa – Ingrid Moretti – Karel Colina, con el objetivo de medir el impacto de "La Carta de Laura" para los adolescentes bajo el ojo clínico de expertos.**

La carta de Laura es para las niñas adolescentes, un relato increíble y crudo de alerta ante el abuso sexual en jóvenes y de valentía ante el mundo y la familia de ella. Laura es valiente al escribir la carta, y publicarla con el fin de compartir sus errores al dejarse llevar por sensaciones hormonales en su pubertad cuando era abusada sexualmente, lo cual tenía un alto riesgo y no lo sabía para ese entonces, pagándolo bien caro en la etapa de adultez.

Los puntos tratados durante el foro: Lectura de La Carta de Laura y Apertura del Foro para los participantes:

**¿Estaba Laura identificada como posible víctima?**

**¿El Tío pedófilo manejaba la fórmula: enamorar, poder y abuso?**

**¿Fue determinante el perfil hormonal de Laura?**

**¿Por qué Laura se silenció? ¿Comparten los problemas psicológicos de Laura?**

Los resultados al final de la jornada fueron increíbles, las mediciones esperadas se alcanzaron, los aportes legales, médicos y psicológicos que se manejaron resultaron alentadores a nuestro mensaje para los adolescentes. Concluimos que estábamos escribiendo un mensaje con base en la realidad humana desde varios puntos de vista, estas contribuciones son fuentes de ánimos para seguir con base firme en el perfeccionamiento del presente libro.

Damos las gracias en este significativo espacio a los participantes expertos presentes en el Foro Internacional de Coaching Hispano USA, a nuestros respetados participantes:

Lic. Ramiro Serna, Psicólogo y Master Coach, Colombia

Lic. Yelitza Betancourt, Publicidad y Mercadeo, Especialista en Dinámica de Grupo, Venezuela

Lic. Sandra Macis, Directora Académica de Coaching Hispano USA – US

Dr. Robert Carmona-Borjas, Director de Arcadia Foundation, Los Ángeles – California, USA

Lic. Manuel Perez Rivas, Sociólogo y Master Coach, New York - Estados Unidos

Dra. Venezuela Rodríguez Laprea, Endocrinóloga, Venezuela

Sra. Valentina Thomas, Terapista del Lenguaje y Ejecutiva Empresarial, Fairfax VA – USA

Lic. Pastor García, Psicólogo Regresivo y Mater Coach, Colombia

Lic. Heriberto Garcia, Master Coach, Chile

# De nosotras

Tres mujeres con visión de salvaguarda y custodia de niños y niñas

## Ingrid Moretti

Psicóloga, venezolana, con residencia actual en los Estados Unidos, estudiosa de la conducta humana en todas sus facetas e investigadora de la Inteligencia Emocional, dedicada a la capacitación y desarrollo del Recurso Humano en las Empresas a nivel internacional y especialista en Dinámicas de Grupo. Se ha dedicado a escribir sobre tópicos psicológicos en la modalidad de cuentos sencillos con profundo contenido terapéutico, con la finalidad de contribuir al crecimiento personal. En la actualidad se dedica a desarrollar el Diplomado de Ecología Humana para La Mujer con fines de ser materia complementaria en universidades americanas e internacionales y plataformas universitarias on line. Responsable del diseño instruccional de los Talleres ALERTAS para la prevención del Abuso Sexual Infantil como contribución al avance de la calidad de vida de los infantes, dedicada a tiempo completo a esta materia. Además complementa su tiempo con el proyecto adicional de VOICE of the CHILDREN para aquellos niños y niñas que han sido abusado y silenciados. Directora General de FUNDESAI ECOLOGÍA HUMANA.

## Karel Colina

Relacionista Industrial, venezolana, madre de 2 adorables personas jóvenes, hijo e hija, a quienes educó con esmero y dedicación mientras terminaba sus estudios profesionales, con residencia actual en Venezuela, investigadora de la conducta humana en todas sus facetas, en especial las del género femenino, dedicada e identificada con los aconteceres de la mujer en las diversas culturas dentro de los procesos de cambio, superación y desarrollo personal. En la actualidad se dedica a tiempo completo a investigación y desarrollo del Diplomado de Ecología Humana para La Mujer, con fines de ser materia complementaria en universidades americanas e internacionales; como también fiel combatiente en la prevención del abuso sexual infantil mediante la facilitación en los Talleres ALERTAS para niños y niñas, padres y representantes, como contribución al mejoramiento de la calidad de vida de los infantes. Abnegada correctora de estilos e investigación en la elaboración del presente libro. Directora de Investigación de FUNDESAI ECOLOGÍA HUMANA.

## Maria Fernanda Villa

Administradora, Especialista en Dinámica de Grupos y Ecología Humana, venezolana, con residencia temporal en Venezuela, madre de tres personas jóvenes adultas emprendedoras, investigadora y estudiosa desde hace muchos años de la conducta humana en la materia de abuso sexual en niños, niñas y personas adultas, defensora incansable de los derechos del infante; dedicada a la capacitación y desarrollo del Recurso Humano en las Empresas. Life Coach como segunda especialización con exitosas intervenciones en organizaciones para el alcance de la Norma ISO 9001 a nivel gerencial y supervisorio. En la actualidad se dedica a desarrollar el Diplomado de Ecología Humana para La Mujer con fines de ser materia complementaria en universidades americanas e internacionales, y plataformas universitarias online; contribuye en los contenidos seleccionados y validados para los Talleres ALERTAS para la prevención del Abuso Sexual Infantil como blindaje de la calidad de vida de los infantes. Emprendedora y motivadora en la experiencia de escribir el presente libro a seis manos. Directora Ejecutiva de FUNDESAI ECOLOGÍA HUMANA.

# FUNDESAI

Es una fundación sin fines de lucro que tiene por objeto: a) La promoción y consolidación de las alternativas de administración integral, para el mejoramiento de la calidad de gestión de todo tipo de sistemas y servicios; b) Estimular la investigación académica, social y el desarrollo de modelos humanísticos, sociales, gerenciales y/o sistemas biológicos, técnicos y/o servicios.; c) Promover, fomentar y facilitar la utilización de los recursos tecnológicos en el área de desarrollo personal, social, administrativo y gerencial; d) Brindar asesoría Técnica para el mejoramiento de las condiciones y eficiencia de los servicios; e )La gestión de recursos monetarios para financiar la actividad de investigación, promoción, asesoría técnica y de organización de todo tipo de actividades, en general, de intercambio de experiencia nacionales e internacionales; f) Estimular las alternativas locales de desarrollo integral con la capacitación profesional, técnica y comunitaria a través de todo tipo de cursos, talleres, foros y cualquier tipo de técnica grupal que se adecue al fin perseguido; g)Propiciar la protección del ambiente por medio de la promoción de alternativas que propicien una planificación especial, saneamiento; h) Desarrollo de todo tipo de actividades dirigidas a pequeños y medianos productores y sus familias, como también al desarrollo personal de los miembros de la familia, orientados a fortalecer la capacidad de gestión de la familia como impulsadora de su propio desarrollo; i) Propiciar la participación activa, preventiva y/o correctiva en los procesos de cambios personales, sociales, culturales, económicos, tecnológicos, requeridos para el mejoramiento de la condición de vida en el contexto de autodesarrollo de la economía sustentable y de criterio de equidad, j) Cualquier otra actividad lícita que permita el logro de los fines de la Fundación.

# Cómo contactarnos

Ya leyó **"Mis Cuentos para Padres"** y aplicó efectivamente las orientaciones de cada guía según las edades de los menores, con una base emocional auténtica y preventiva. Si ha sido así, reconocemos su aporte a tan delicada labor de saneamiento del mundo por un desarrollo humano más real, hemos trabajado juntos para ello. Regálenos ahora sus comentarios o mejor aún, pónganse en contacto con nosotras por los medios del internet para orientación adicional o relatarnos su experiencia, no silencie su aporte, ello ayuda a que otros padres se manejen mejor ante tan delicadas tareas:

En Facebook: FUNDESAI ECOLOGIA HUMANA

Email: contacto.fundesai@gmail.com

WEB: www.fundesaiecologiahumana.com

Twitter: @fundesai.eco.humana

Instagram: @fundesai.eco

**Reciba usted nuestras bendiciones**

**Reciba usted nuestras gracias**

**Reciba usted nuestro amor**

Y nuestro eterno agradecimiento a usted padre, madre y/o representante de niños & niñas por habernos dado unos instantes de su vida en lo que fue y es parte de nuestras más profundas preocupaciones por la calidad de vida de los niños y niñas, son las bellas vivencias.

*INGRID*
*KAREL*
*MARIA FERNANDA*

## Lecturas recomendadas:

Si desea mayor información acerca de cómo manejar un caso de Abuso Sexual Infantil le recomendamos a continuación las siguientes publicaciones:

Intebi, Irene V. **Abuso sexual infantil: En las mejores Familias**. Ediciones Granica. Buenos Aires, 1998.

Noguerol, Victoria. **Agresiones Sexuales**. México, 2014.

Starishevsky, Jill. **My body belongs to me**. Free Spirit Publishing.2015

www.ingramcontent.com/pod-product-compliance
Lightning Source LLC
Chambersburg PA
CBHW060337290526
45793CB00003B/642